Marion Reinhardt

Bayerns schönste Kräutergärten

Die Deutsche Bibliothek verzeichnet diese Publikation in der
Deutschen Nationalbibliografie; detaillierte bibliografische Daten
sind im Internet über http://dnb.ddb.de abrufbar.

© 2015 by Volk Verlag München
Streitfeldstraße 19, 81673 München
Tel. 089/420 79 69 80, Fax 089/420 79 69 86
www.volkverlag.de

Projektmanagement und Lektorat: Ria Lottermoser
Visuelle Gestaltung, Layout und Satz: Elisabeth Petersen, Berlin
Druck: freiburger graphische betriebe
Alle Rechte, einschließlich derjenigen des auszugsweisen
Abdrucks sowie der fotomechanischen Wiedergabe, vorbehalten.
ISBN 978-3-86222-166-0

Marion Reinhardt

Bayerns schönste Kräutergärten

Heilpflanzen, Gewürze und
Wildkräuter entdecken

Volk Verlag München

Inhalt

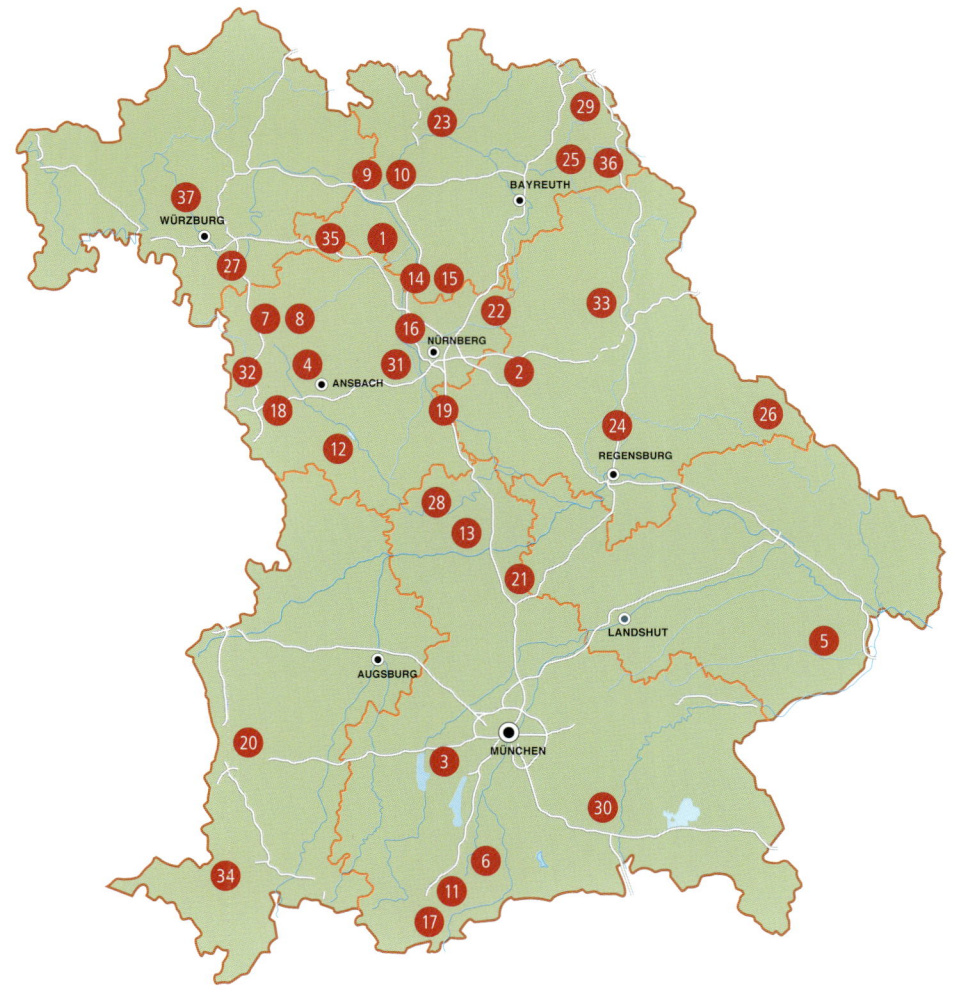

Vorwort

Für alles ist ein Kraut gewachsen, dieser weise Spruch bewahrheitet sich doch immer wieder. Weit und breit sprießen die Kräuter, die uns in bunter Vielfalt durchs Leben begleiten und stets aufs Neue etwas Gutes tun. Ob als Küchenwürze oder Heilpflanze, Kräuter begeistern durch ihren unerschöpflichen Reichtum an Farben und Formen, Aromen und Kräften.

Kräuter können eine Herzensangelegenheit fürs Leben werden – ich selbst bin da ein Beispiel unter vielen, die das Kräuterfieber von klein auf gepackt und bis heute nicht mehr losgelassen hat. Wer dem Zauber dieser Gewächse einmal erlegen ist, wird nie mehr genug von Kräutern bekommen. Und voller Begeisterung landauf, landab nach Kräutern suchen.

Da kommt ein Buch, das zahlreiche Plätze und Gelegenheiten zeigt, bei denen Kräuter die Hauptrolle spielen, gerade recht. Verfasst von einer Frau, die sich mit Leib und Seele den Kräutern verschrieben hat: Marion Reinhardt. Sie ist mir stets lebhaft vor Augen in ihrer Leidenschaft für Natur und Kräuter, bleibt vor allem in ihrer Zuneigung zur Wilden Möhre unvergessen.

Das kann nur Lust auf Kräuter machen, und das tut es. Starten Sie mit Marion Reinhardt eine Reise durch duftende Paradiese und würzige Schlaraffenländchen, kreuz und quer durch Bayern. Schwelgen Sie in schönen Bildern und kundigen Beschreibungen, bei denen einem Wohlgerüche schon durch die Nase ziehen und Geschmacksvielfalt schon auf der Zunge liegt. Ich mache mich voller Vergnügen auf die Reise, die Kräuterreise durch meine Heimat.

Karin Greiner

Diplom-Biologin
Pflanzenexpertin von Bayern 1
Dozentin für Kräuterpädagogik und Volksheilkunde

Liebe Leserin, lieber Leser,

als Kräuterpädagogin bin ich immer auf der Suche nach neuen Pflanzen, nach Pflanzen, die ich noch nicht kenne. Viele Kräuter und Gewürze sind mir zwar aus Abbildungen in Büchern und in getrockneter Form aus der Anwendung in der Phytotherapie bekannt. Die Pflanzen jedoch »live« zu erleben, sie zu fühlen, an ihnen zu schnuppern und sie zu kosten, ist etwas ganz anderes. Da manche Gewächse in der freien Natur aber selten oder nur schwer in meiner Umgebung zu finden sind, besuche ich gerne Kräutergärten. Dort werde ich stets aufs Neue fündig. So entstand die Idee zu diesem Buch.

Dieser Führer zu ausgewählten Kräutergärten soll interessierten Laien, die Kräuterwissen erwerben möchten, aber auch Kräuterkundigen, die ihre Kenntnisse vertiefen möchten, Lust machen, auf Entdeckungstour zu gehen. Vorgestellt werden nicht nur Anlagen, die schön gestaltet sind. Es werden auch Gärten gezeigt, die besonders viele verschiedene Pflanzen, oft auf engstem Raum, kultivieren und wertvolle Informationen darüber vermitteln. Das können – neben Wissenswertem über deren Verwendung in der Heilkunde und in der Küche – auch spannende botanische Hintergründe sein oder altes Wissen, wofür man Kräuter noch verwenden kann. Es geht um Gärten, die Duft- oder Färbepflanzen, Hexen- oder Marienpflanzen kultivieren und damit auch den Bezug zu Aberglauben und Brauchtum herstellen. Für alle, die mit Kräutern umgehen, ist die Unterscheidung von essbaren Pflanzen, Heil- und Giftpflanzen ein wichtiger Aspekt. Hier bieten gut gepflegte Kräutergärten wertvolle Informationen und Vergleichsmöglichkeiten und geben damit Sicherheit in der Verwendung der Gewächse.

Wer sich intensiv mit Kräutern beschäftigt, dem begegnen immer wieder bestimmte Namen großer Botaniker oder berühmter Kräuterbücher. Mein Anliegen war es daher auch, Gärten mit besonderem historischem Hintergrund zu berücksichtigen und auch interessante Fakten zur Entwicklung der Gartenkultur und der Geschichte der Pflanzenheilkunde zusammenzutragen.

Aber auch die Begegnung mit »alten Bekannten« aus dem Pflanzenreich macht immer wieder Freude. Es ist einfach unbeschreiblich schön, die unendliche Vielfalt der Pflanzenwelt zu erleben. Bei der Betrachtung ihres Formen- und Farbenreichtums und in der Beschäftigung mit den Kräutern kann man wunderbar entspannen und abschalten.

Bei der Recherche zu diesem Buch habe ich an die 80 Kloster-, Apotheker-, Heilpflanzen-, Wildkräuter-, Meditations- und Lehrgärten, Kräuterlabyrinthe, ein ganzes Kräuterdorf sowie einen Kräuterpark besucht. Dabei stellte sich heraus, dass Franken besonders reich an solchen Ausflugszielen ist. Ob das nun an der langen Tradition des Kräuteranbaus in dieser Region liegt oder an meiner heimatlich fränkisch eingefärbten Brille? Allerdings liegen einige meiner Favoriten gerade im südlichen Bayern, das gebe ich gerne zu. Bemerkenswert ist auch, dass mancher Garten sich trotz seiner geringen Größe als außerordentlich interessant herausstellte und den Weg lohnte.

Wer bei einem Ausflug nicht nur einen Kräutergarten, sondern vielleicht auch noch etwas anderes Erholsames, Spannendes oder Kulturelles erleben will, findet in den Ausflugstipps viele Anregungen. Die eingestreuten Kräutertipps stammen aus meiner Praxis als Kräuterpädagogin und ermuntern Sie hoffentlich, sich die besonderen Kräfte und Aromen der Heil-, Gewürz- und Wildkräuter zunutze zu machen oder ganz einfach deren Schönheit zu genießen.

Marion Reinhardt

Heilsame Arbeit im »Laafer Gärtla«

Nicht nur ein Kraut kann als Arznei viel bewirken, auch ein Garten kann zur Heilung eingesetzt werden, wie dies im Therapeutischen Garten Laufer Mühle geschieht. Hier ist die Arbeit Therapie für suchtkranke Menschen, für Menschen, die die Mitte verloren haben und nun bestrebt sind, ihr Leben wieder in den Griff zu bekommen.

Im »Laafer Gärtla«, einer Einrichtung des Deutschen Ordens, ist buchstäblich alles im »grünen Bereich«. So heißt eine der Abteilungen, um die sich jeweils eine Gruppe Bewohner dieser Einrichtung kümmert. Durch die Arbeitstherapie erhält der Tag für sie eine klare Struktur. Unter der professionellen Anleitung von Ralf Lohr haben die Bewohner das ehemals landwirtschaftlich genutzte Gelände während der vergangenen 20 Jahre vollkommen verwandelt. Entstanden ist nicht nur ein Kräutergarten, sondern ein ganzer Park mit mannigfaltigen Gartenräumen. Will man den Park besuchen, sollte man viel Zeit mitbringen, denn es gibt jede Menge zu entdecken. Die Anlage ist kunterbunt – im sehr positiven Sinn – und spiegelt die Kreativität ihrer Gärtner wider. »Jeder hinterlässt hier seine Spuren«, sagt Ralf Lohr und freut sich über diese Vielfalt.

Zu den Prachtstücken gehört das im Stil eines barocken Gartens angelegte Rosarium. An Pergolen und im zentralen Pavillon blühen 165 Rosensorten. Ein grüner Hügel in der Form eines Gesichts und umhäkelte Baumstämme wecken das Interesse vor allem von jüngeren Besuchern. Im Hexengarten wachsen Pflanzen, denen magische Kräfte zugeschrieben werden.

Klein, aber fein ist der Kräutergarten mit prächtigen Beinwell- und Engelwurzstauden. Auch Huflattich, Kamille, Schafgarbe und Arnika

Die Bewohner der Laufer Mühle können ihrer Kreativität freien Lauf lassen: Gegenstände des Alltags werden zu fantasievollen Pflanzgefäßen (oben). Das Rosarium ist in barockem Stil gestaltet, begleitet von Lavendelbüschen (linke Seite).

sind als heimische Wildkräuter vertreten und werden auf Informationstafeln ausführlich vorgestellt. Exotische Pflanzen findet man ebenfalls und erfährt in einem Porträt viel Wissenswertes über sie.

Wer sich für Obst und Gemüse interessiert, findet im Garten der Laufer Mühle viele Anregungen für den Anbau. Ein großes Beet ist den zahlreichen Erdbeersorten gewidmet. Ganz neu hinzu kommt derzeit eine Streuobstwiese mit alten Sorten. Im Dörrofen wird später die Ernte haltbar gemacht.

Alle Abteilungen des Gartens sind unterschiedlich eingezäunt – mit geflochtenen Weidenruten, verwachsenen Zweigen oder filigran ausgesägten Holzlatten. Ein großer Weidendom lädt zum Sitzen im Schatten

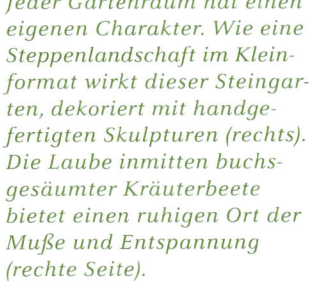

Jeder Gartenraum hat einen eigenen Charakter. Wie eine Steppenlandschaft im Kleinformat wirkt dieser Steingarten, dekoriert mit handgefertigten Skulpturen (rechts). Die Laube inmitten buchsgesäumter Kräuterbeete bietet einen ruhigen Ort der Muße und Entspannung (rechte Seite).

*Gießen, Pflänzchen heran-
ziehen, Unkraut jäten –
durch Gartenarbeit erhält
der Tag eine Struktur, und
sie schenkt den Mitarbei-
tern Erfolgserlebnisse.*

ein, und Gartenschmuck aus Metall und alten Rechen sowie aus Keramik sind sowohl Blickfang wie beiläufiges Zierwerk. Und für Tierfreunde: Es tummeln sich echte Hühner und Gänse in einem Gehege des Gartens.

In zwei Gewächshäusern ziehen die Gärtner auch allerhand Exotisches und Ausgefallenes: Ceylon-Spinat, Anden-Chili, Lakritz-Tagetes oder indisches Curryblatt. Im Hofladen der Laufer Mühle gibt es die Kräuter zu kaufen; auch selbstgebackenes Holzofenbrot ist im Angebot. Die Öffnungszeiten des Hofladens sind Montag bis Donnerstag von 8–12 und 13.15–15 Uhr und Freitag von 8–12.15 Uhr.

Ein Fest am Muttertagswochenende eröffnet die Gartensaison mit Dekorativem und Kräutern aus den Werkstätten. Beim traditionellen Johannisfeuer werden Aktivitäten für die ganze Familie geboten.

Ausflugstipp

Als Glanzstück des fränkischen Barocks gilt Schloss Weißenstein im nur zehn Kilometer entfernten Pommersfelden. Die private Sommerresidenz von Lothar Franz von Schönborn wurde in den Jahren zwischen 1711 und 1718 erbaut. Der Fürstbischof von Bamberg und Kurfürst von Mainz verpflichtete als berühmtesten Architekten Johann Dientzenhofer. Auch der Wiener Hofbaumeister Johann Lucas von Hildebrand und Maximilian von Welsch waren an der Planung der Schlossanlage beteiligt. Herzstück ist das prunkvolle Treppenhaus im Mittelbau, das die angesehensten Künstler ihrer Zeit ausschmückten. Schloss Weissenstein ist von einem weitläufigen Park umgeben, der im 19. Jahrhundert von einem barocken Schlossgarten zu einem englischen Landschaftspark umgestaltet wurde. Er steht Besuchern das ganze Jahr über offen.

Kräutertipp

Erzengelwurz
(Angelica archangelica)

Die aus dem skandinavischen Raum stammende Staude, die eine Höhe von 2,50 Meter erreichen kann, verdankt einer Sage nach ihren Namen dem Erzengel Raphael. Dieser soll den Menschen die Wurzel der Pflanze als Heilmittel gegen die im Mittelalter wütende Pest direkt aus dem Himmel auf die Erde gebracht haben. Erwiesen ist dies nicht, allerdings unterstützen die Bitterstoffe der Engelwurz die Magen-, Darm- und Leberfunktion. Die Pflanze gehört zu den Tonica aromatica, enthält also auch ätherisches Öl. Sie eignet sich als Grundlage für Magenbitter, wie zum Beispiel die französischen Kräuterliköre *Chartreuse* und *Bénédictine*. Auch als Hauptbestandteil der »Schwedenkräuter« kommt sie zum Einsatz. Die jungen Blätter können auch als Gemüse zubereitet werden, genauso wie die Stängel, die dick wie Bambusrohr werden können. Sie sind kandiert eine besondere Delikatesse.

Mit ihrer stattlichen Gestalt ist die Erzengelwurz eine Zier für jedes Kräuter-, aber auch Blumenbeet. Zudem ist sie eine alte Heilpflanze.

Therapeutischer Garten Laufer Mühle

Lauf 18	Parkmöglichkeit vorhanden
91325 Adelsdorf	Eintritt frei
Tel. +49 9195 94933	Keine Gastronomie
www.laufer-muehle.de	Barrierefrei
Öffnungszeiten: ganzjährig geöffnet	Führungen nach Vereinbarung
Größe: 3,5 Hektar	

Gegen jedes Leid ist ein Kraut gewachsen

In Altdorf lässt es sich auf den Spuren eines barocken »Hortus Medicus« wandeln. Als »Doktorsgärtlein« lebt dort nämlich einer der bedeutendsten botanischen Gärten seiner Zeit weiter. Es ist eine lauschige kleine Anlage, die von den alten Gebäuden des Universitätsmuseums, urigen Mauerresten und altem Fachwerk umschlossen wird.

Im Innenhof, wo man im Schatten eines mächtigen Walnussbaums sitzen kann, wachsen an die 200 Pflanzen. Ihre Auswahl orientiert sich an der historischen Bepflanzung, die der Gartenpräfekt Mauritius Hoffmann 1677 in Form eines Buches »Gärtnerische Freuden der Altdorfer Blütenpflanzen« festhielt. In einem späteren Verzeichnis von 1790 ist die enorme Anzahl von 2500 Pflanzen verzeichnet. Viele Ackerkräuter sind darunter, aber auch beliebte Würzkräuter wie Borretsch, der gerne im Gurkensalat verwendet wird, und Schabzigerklee, der Käse einen besonderen Geschmack verleiht. Die heutige Bepflanzung richtet sich aber auch nach überlappenden Blütezeiten, so dass man sich immer an Buntem erfreuen kann.

Einen Schwerpunkt bilden verschiedene Färbepflanzen wie Färberhülse, Färberwaid und Färberwau. Daneben findet man schöne Marienkräuter wie die Mariendistel, aber natürlich auch Giftpflanzen sowie Gewächse, die gegen Beschwerden bei Erkältung, Rheuma oder Frauenleiden helfen. In einem Hortus Medicus lernten schließlich die Medizinstudenten im 17. Jahrhundert, die Heilkräuter genau zu studieren und ihre Kräfte richtig zu nutzen. Seit das Doktorsgärtlein 1998 im Zuge der Museumsgestaltung im Hinterhof wieder angelegt wurde, sieht es eine schöne Kombination von Kräutern und Kunst vor. Ins üppige Grün sind Skulpturen zeitgenössischer Künstler eingebettet. Eine künstlerisch ge-

Das Eisenkraut gehört zur Gattung der Verbenen. Diese Art auf dem Foto oben erfreut mit ihrem hübschen Blütenstand vor allem das Auge. Dem Echten Eisenkraut sagte man früher eine Heilwirkung bei Verletzungen durch Eisenwaffen nach. Skulpturen zeitgenössischer Künstler und Kräuter gehen eine stimmungsvolle Liaison ein (linke Seite).

*Von der Sitzbank im lau-
schigen Innenhof aus kann
der Besucher die Vielfalt
der Kräuter und der künst-
lerischen Plastiken auf sich
wirken lassen.*

staltete »Liebeslaube« lädt zum Verweilen ein. Im Sommer finden Lesungen und Konzerte statt. Das alles macht den Garten zu einer kleinen Oase der Ruhe und Entspannung.

Im 17. Jahrhundert war Altdorf der Sitz der Universität Nürnberg, »Altdorfina« genannt. Hier studierte der spätere Feldherr Wallenstein, und der Philosoph Gottfried Wilhelm Leibniz wurde hier promoviert. Im Jahr 1626, also drei Jahre nach ihrer Erhebung zur Universität, entstand unter der Leitung des Medizin- und Botanikprofessors Ludwig Jungermann der botanische Garten als Hortus Medicus (lat. Doktorsgarten). Jungermann hatte bereits an der Universität Gießen einen solchen Garten angelegt. Die Auswahl der Pflanzen traf er nach dem Hortus Eystettensis, dem botanischen Garten des Fürstbischofs von Eichstätt.

Auf einem Kupferstich von Johann Georg Puschner d. Ä. aus dem Jahr 1726 – er ist im Universitätsmuseum zu sehen – kann man die historische Anlage gut erkennen. Der Hortus Medicus befand sich außerhalb der Stadtmauer auf einer 4500 Quadratmeter großen Fläche. Sie war von einer Sandsteinmauer umgeben, die noch heute teilweise erhalten ist und nun die rückseitige Begrenzung des Gartens bildet. In seiner frühesten Form war er im Stil französischer Gärten in zwölf quadratische Felder aufgeteilt, die von Buchshecken umgeben waren. Mit einem Pavillon in der Mitte ähnelte er eher einem Lustgarten. Die Anlage genoss zu ihrer Zeit einen herausragenden Ruf. Mit dem Ende der Universität 1809 wurde der Garten dann aufgegeben und verwandelte sich wieder in das, was er einmal war: ein Acker.

Ausflugstipp

Im Hof der ehemaligen Universität Altdorf werden seit 1894 alle drei Jahre die Wallenstein-Festspiele veranstaltet. Neben dem Volksstück »Wallenstein in Altdorf« ist auch Friedrich Schillers »Wallenstein« zu sehen. Die nächste Gelegenheit ergibt sich im Juli 2015. Ergänzt wird das Schauspiel durch farbenprächtiges Lagerleben mitten in der Altstadt sowie durch einen historischen Festzug mit tausend Darstellern, Reitern, Gespannen und Musikkapellen.

Kräutertipp

Spitzwegerich
(Plantago lanceolata)

Er ist eine alte Heilpflanze, die 2014 zur Arzneipflanze des Jahres gekürt wurde. Seine antibakterielle, entzündungshemmende und adstringierende, das heißt Gewebe zusammenziehende Wirkung macht ihn zum Erste-Hilfe-Pflaster für unterwegs. Kleinere Wunden, Abschürfungen oder Mückenstiche können mit zerquetschten Blättern behandelt werden. Auch bei Husten sind sie ein gutes Mittel, das quälenden Reiz lindert und einen Hustenblocker ersparen kann. Ein aus Spitzwegerich gewonnener Hustensirup schmeckt auch Kindern. Dazu im Frühjahr frische Blätter klein schneiden und abwechselnd mit Zucker in ein durchsichtiges Schraubglas füllen. Die oberste Zuckerschicht soll alles abdecken. Das Ganze auf einem sonnigen Fensterbrett bis zum Herbst ziehen lassen. Dann entwickelt sich ein bräunlicher Sirup, den man durch ein Sieb streicht und in dunkle Flaschen füllt. Mehrmals täglich einen Esslöffel voll einnehmen.

Auf vielen Wiesen findet man den Spitzwegerich mit seinen unscheinbaren Blüten. Er verfügt über breit gefächerte, wertvolle Heileigenschaften.

Doktorsgärtlein
Universitätsmuseum
Neubaugasse 5
90518 Altdorf
Tel. +49 9187 8071241
www.altdorf.de
Öffnungszeiten: Samstag
und Sonntag von 14–17 Uhr
(vorher anrufen!) und nach

Vereinbarung, Winterpause
Größe: 300 Quadratmeter
Parkmöglichkeit in der Umgebung
Eintritt: 2 Euro
Gastronomie im Ort
Barrierefrei
Führungen nach Vereinbarung

Heilkunde auf dem »Heiligen Berg«

Wo Klostergärten waren, entstanden später auch Klosterapotheken, denn aus den Heilkräutern stellten die Mönche Arzneimittel her. Was in so einer mittelalterlichen Klosterapotheke verwendet wurde, erfährt man in der »Andechser Apothekenliste«. Das historische Dokument aus dem Benediktinerkloster führt eine ganze Reihe von heilkräftigen Pflanzen auf, die als Grundlage der Rezepturen dienten. Ein Bild von diesem jahrhundertealten Pflanzenwissen kann man sich im Andechser Kräutergarten machen.

Ein Staketenzaun steckt das Quadrat des Gartens ab, das leider abseits des »Heiligen Berges«, am Rand des großen Parkplatzes liegt. Die berühmte Wallfahrtskirche im Rücken, kann der Besucher zwölf Beete betrachten. Ihre Zahl und Anordnung nimmt den Grundriss des berühmten Klosterplans von St. Gallen auf. Auch die Beeteinfassungen mit schlichten Lärchenholzplanken gehen darauf zurück.

Von Mai bis September gedeihen hier etwa 70 verschiedene Heil- und Gewürzpflanzen. Die meisten davon kommen in der »Andechser Apothekenliste« aus dem 15. Jahrhundert vor. Sie gehört zu einer Sammelhandschrift, die u. a. Beschreibungen von Krankheiten, medizinische Rezepturen und Sammelanweisungen für Kräuter enthält. Vom Gewöhnlichen Andorn wird das Kraut geerntet. Es wird sowohl bei Völlegefühl und Blähungen als auch bei Erkrankungen der Luftwege eingesetzt – eine alte Heilwirkung, die auch heute noch Gültigkeit hat. Sehr unterschiedlich sind auch die Einsatzmöglichkeiten des Gänsefingerkrauts: Durchfall, Entzündungen der Mund- und Rachenschleimhaut sowie Regelschmerzen. Außerdem sind auch Kräuter zu finden, die in der Homöopathie angewendet werden,

Ein wenig abseits des engsten Klosterbezirks öffnet der Andechser Kräutergarten seine Pforte. Die formale und zweckmäßige Anlage der Kräuterbeete orientiert sich am Klosterplan von St. Gallen (oben und linke Seite).

Goldrute, Sonnenhut, Meerrettich und andere Kräuter der historischen »Andechser Apothekenliste« kann man hier kennenlernen.

wie die Wiesen-Küchenschelle bei Neigung zu Mittelohrentzündungen. Von dieser Giftpflanze dienen alle Teile als Grundlage homöopathischer Mittel. Neben den Hinweistafeln zu den speziellen Anwendungsgebieten und den medizinisch verwendeten Pflanzenteilen sind alle Pflanzen nach einem Farbleitsystem zu Indikationen bzw. Körperorganen markiert. Das den Garten unterstützende Pharmaunternehmen liefert auf einem Faltblatt Informationen über eine Reihe von Pflanzen und die Fertigarzneimittel daraus.

Den Andechser Kräutergarten gibt es seit dem Frühjahr 2003. Er wurde in Zusammenarbeit des Klosters und der Firma Steierl-Pharma in Herrsching, einem Hersteller von Naturarzneimitteln, angelegt und dient seither Schulen, Heilpraktikern, Apothekern und Ärzten als Lehrgarten. Er wird nach den Richtlinien des biologischen Landbaus unter Einbeziehung der Behindertenwerkstätten gepflegt.

Ausflugstipp

Kloster Andechs ist der älteste Wallfahrtsort Bayerns, dessen Geschichte bis ins 12. Jahrhundert zurückreicht. Schon von weitem an seinem Zwiebelturm erkennbar, thront es auf dem »Heiligen Berg« über dem Ostufer des Ammersees. 1455 gründete hier Herzog Albrecht III. von Bayern-München das Benediktinerkloster. Seither betreuen die Mönche die Wallfahrt zu dem Reliquienschatz der Heiligen Drei Hostien. Die ursprüngliche Klosterkirche wurde von 1751 bis 1755 im Stil des Rokoko umgestaltet. Berühmte Künstler wie Johann Baptist Zimmermann waren dabei am Werk.

So wie sich Pilger früherer Jahrhunderte mit dem von den Mönchen gebrauten Bier stärkten, so freuen sich heute vor allem Ausflügler auf den Gerstensaft und die bayerischen Schmankerl, die im Bräustüberl serviert werden. Bei einer Führung kann man Einblick in die klösterliche Brautradition gewinnen, die von den Benediktinern bis heute eigenhändig gepflegt wird. Das Kloster mit Brauerei und Landwirtschaft ist Wirtschaftsgut der Benediktinerabtei St. Bonifaz in München.

Kräutertipp

Weinraute

(Ruta graveolens)

»Die Amsel war die Braute, trug einen Kranz von Raute. Fide rallala, fide rallala, fide rallalalala.« Sogar in dem berühmten Kinderlind »Die Vogelhochzeit« kommt die Pflanze vor. Ihre blaugrünen Laubblätter mit den spatelförmigen Blattfiedern sowie ihre gelbgrünen Blüten zeichnen ihre äußere Erscheinung aus. Aufgrund ihrer ätherischen Öle riecht sie etwas unangenehm. Im Mittelalter wurde das Kraut deswegen gegen die Pest eingesetzt, da es mit seinem »Duft« die Ratten als Krankheitsüberträger vertrieb. Volkstümlich galt die Pflanze zunächst als Aphrodisiakum, bevor deren abortive Wirkung entdeckt wurde. Das giftige Thujon ist dafür verantwortlich.

Bekannt war die Weinraute schon in der Antike. Der römische Dichter Vergil überlieferte ein besonderes Rezept mit ihrer Würze: »Moretum« bestand aus Schafskäse oder Walnüssen, Olivenöl, Salz, Knoblauch, Selleriegrün, Weinraute und Koriander. Die Zutaten wurden in einer Art Mörser zu einer Paste verrieben und als Brotaufstrich verwendet.

Heute wird die Weinraute gerne als Zierpflanze im Garten gesetzt. Die Verwendung des Rautengewächses als Gewürz und als Heilmittel ist mittlerweile etwas in Vergessenheit geraten.

Andechser Kräutergarten
Bergstraße 2
82346 Andechs
Tel. +49 8152 3760
www.andechs.de
Öffnungszeiten: täglich von
April bis Oktober
Größe: 300 Quadratmeter
Parkmöglichkeit vorhanden

Eintritt frei
Gastronomie: Bräustüberl
und Klostergasthof
Barrierefrei
Führungen über Steierl-Pharma,
Tel. 08152 93220
(Eugen Eschenlohr)

Krafft und würckung der kreüter

»Nützlich und wunderlich kreüter zu allerley gebrechen« beherbergt der sogenannte »Fuchsgarten«. Er ist Teil des barocken Hofgartens der Ansbacher Residenz und wurde 2001 zum 500. Geburtstag des Botanikers und Mediziners Leonhart Fuchs (1501–1566) angelegt. Der vielseitige Kräutergarten gibt Einblick in die Welt der Kräuter und ihre Anwendung in der Heilkunst zu dessen Zeit.

Gleich neben der prächtigen Orangerie und einem Schatten spendenden »Lindensaal« kann man schon von außen einen Blick über die niedrige Umfassungsmauer werfen. Man entdeckt den ganz im Stil höfischer, barocker Parks geometrisch angelegten Garten. Die ornamental gestalteten Beete breiten sich zwischen dem malerischen Lorbeer-Überwinterungshaus und dem modernen, gläsernen Citrushaus aus.

Wer sich intensiv mit Kräutern beschäftigt, stößt unweigerlich auf den Namen Fuchs und dessen viel zitiertes »New Kreüterbuch«. Es machte den pflanzenkundigen Medizinprofessor, der in Ingolstadt und Tübingen lehrte, zu einem der »Väter der Botanik«. Fuchs war der erste Hochschullehrer, der botanische Exkursionen für die angehenden Ärzte anbot. Zwischen 1528 und 1535 war er in Ansbach Leibarzt des Markgrafen Georg von Brandenburg und schrieb an seinem berühmten, 900 Seiten umfassenden Heilpflanzenbuch »De historia stirpium commentari«. Unter dem Titel »New Kreüterbuch« erschien es 1543 in deutscher Übersetzung. Über 400 einheimische und etwa 100 fremdländische Heil- und Arzneipflanzen stellte er darin in Bild und Text vor. Dieses Werk machte ihn berühmt; aufgrund seiner Vollständigkeit, der Systematik und vor allem wegen der detaillierten Abbildungen ist es heute noch außergewöhnlich.

Der Fuchsgarten ist durch ein schmiedeeisernes Tor zu betreten (oben).
Über das Immenblatt (linke Seite) schreibt Leonhart Fuchs, es werde auch Honigblum oder Bienensaug genannt, was auf die besondere Vorliebe der Nektar saugenden Insekten für das Kraut zurückgehe.

Den Wermut (oben) empfahl Leonhart Fuchs bei Gallenleiden und Wurmbefall. Bekannt ist das Kraut heute vor allem als Bestandteil des legendären alkoholischen Getränks »Absinth«. Alle Beete in dem von Mauern umgebenen Garten sind streng geometrisch angelegt und werden von niedrigen Buchshecken gesäumt (rechte Seite).

Eine Auswahl von etwa 180 darin beschriebenen Kräutern wird heute im Fuchsgarten gehegt und gepflegt und gibt Einblick in die Arbeit des Ansbacher Leibarztes. Ob sein Patient, der Markgraf, wohl unter Atemnot oder Gallenbeschwerden litt? Sollte das der Fall gewesen sein, dann hätte ihn Fuchs ganz sicher mit dem Gewöhnlichen Andorn behandelt, über den er wie folgt schreibt: »Die bletter von weissem Andorns mit dem samen in wasser gesotten und getruncken ist gut denen so schwerlich athmen / den husten unn die schwindsucht haben.« Die günstige Wirkung des Andorns auf die Atemwege ist in der modernen Phytotherapie bis heute anerkannt.

Bei Gallenleiden hätte Fuchs den Wermut empfohlen: »Wermut hitziget / zeücht zusamen / ist bitter / scharpff oder räß / seubert / sterckt unnd trücknet auß. Derhalben treibt er auß durch den stulgang unnd harn / die gallen so sich in dem magen / oder desselbigen schlundt / auch in den adern gesamlet hat.« Auch die Heilkraft von Wermut bei funktionellen Störungen der Galle ist erwiesen.

Man begegnet im Fuchsgarten noch einer ganzen Reihe recht ungewöhnlicher Pflanzen. So wächst, verborgen im Schatten eines Wald-Geißbarts, die giftige Alraune. Ihrer Wurzel, die der Menschengestalt ähnelt, wurden im Mittelalter Zauberkräfte zugesprochen. Wenige Meter entfernt blüht von Juni bis Oktober das Schwarze Bilsenkraut, eine stark giftige und alte magische Pflanze. Überrascht wird man von der Größe des Echten Bärenklaus, dessen kräftige und markante Blattform dem Schmuck antiker Säulenkapitele als Vorbild diente.

Alle Kräuter sind mit Schildern versehen, die die Heilwirkung nach Fuchs angeben. Neben dem botanischen Namen findet sich auch ein Hinweis auf die Abbildung in dessen Kräuterbuch. Auf den botanischen Namen folgt eine Beschreibung der äußeren Gestalt, dazu eine Information zum Fundort und zur Blütezeit. Abschließend verweist Fuchs auf ihre »Natur und ihre complexion« und geht auf ihre »Krafft und würckung« ein.

Zusammen mit dem historischen Lorbeer-Überwinterungshaus bildet der Fuchsgarten ein schönes Ensemble, das zum Spazierengehen einlädt.

Besonders auffallend sind im Fuchsgarten die vielen Kübelpflanzen. Es sind neben Zitronen- und Lorbeerbäumchen auch verschiedene Arten von Fuchsien. Und das kommt nicht von ungefähr, denn sie bevölkern den Garten zu Ehren von Leonhart Fuchs. Allerdings war nicht er der Entdecker dieser schönen Blütenpflanze. Ihr Entdecker, Charles Plumier, widmete sie Fuchs im Jahr 1703 und taufte sie auf den Namen Fuchsia.

Ausflugstipp

Mit den Ansbacher Rokoko-Festspielen bewahrt sich die »Stadt des fränkischen Rokoko« ihr historisches Erbe. Alljährlich im Sommer entfaltet sich höfisches Treiben vor der Kulisse der Orangerie im Hofgarten. Und in der Residenz lässt sich auf markgräflichen Spuren wandeln: 27 Prunkräume laden dazu ein, den originalen Glanz vergangener Zeiten zu erleben.

Weniger glanzvoll ist das Schicksal Kaspar Hausers. Die mysteriöse Kriminalgeschichte um das »Kind von Europa« spielte von 1830 bis zu dessen gewaltsamem Tod im Dezember 1833 in Ansbach. Ein Denkmal, ein Gedenkstein am Ort seiner Ermordung im Hofgarten, eine Abteilung im Markgrafenmuseum und sein Grab erinnern an sein Schicksal. Im zweijährigen Turnus veranstaltet die Stadt die Kaspar-Hauser-Festspiele.

Kräutertipp

Gewöhnlicher Andorn
(Marrubium vulgare)

Obwohl der Lippenblütler ein sehr altes Heilkraut ist, kennen ihn heute nur noch wenige. Er ist eine Wildpflanze, die ursprünglich aus dem Mittelmeerraum kommt. Daher findet man ihn, wenn auch selten, an warmen Mauern und am Rand von trockenen Wegen. Der aus ökologischem Anbau stammende Andorn wird medizinisch verwendet. Er enthält vor allem Bitterstoffe, auf die auch schon sein Name hinweist: Marrium ist das lateinische Wort für bitter. Diese Pflanzenstoffe regen nicht nur den Appetit, sondern auch Gallenfluss und Magensaftbildung an und verbessern damit die gesamte Verdauung. Außerdem gilt Andorn als schleimlösendes Mittel bei Erkrankungen der Atemwege.

Mit seinen Blüten, die in unterschiedlichen Etagen rund um den Stängel dichte »Quirle« bilden, ist das Andornkraut gut zu bestimmen. In der freien Natur findet man es eher selten, doch in einigen Kräutergärten kann man ihm häufiger begegnen.

Hofgarten Ansbach
Promenade 27, 91522 Ansbach
Tel. +49 981 9538390
www.schloesser.bayern.de
Öffnungszeiten:
Dezember/Januar 7.15–17 Uhr,
Februar/März und Oktober/
November 7.15–18 Uhr,

April bis September 7.15–21 Uhr
Größe: 1850 Quadratmeter
Parkmöglichkeit an der Promenade
Eintritt frei
Gastronomie in der Orangerie
Barrierefrei
Führungen auf Anfrage

Kräuter und Kultur in charmantem Ambiente

»Ohne Xundheit is ois nix – und xund is bunt!« Diesen Satz hat sich Alexandra Unertl-Bufler auf die Fahne geschrieben. Alles dreht sich bei ihr um ein gesundes Leben, denn ihre Familie betreibt in dem kleinen Kurort ein Reformhaus und die örtliche Apotheke. Da passt es bestens, dass sie vor zehn Jahren damit begann, ihren Traum von einem Apothekergarten in die Tat umzusetzen.

Gesund sind die Kräuter darin allemal, und bunt sind sie auch. Rund 135 verschiedene Heilpflanzenarten und einige Küchenkräuter hat sie auf dem Grundstück in Hanglage angesiedelt. Über kleine Treppchen und schmale Pfade erschließt sich das grüne Reich, in dem alles mit viel Liebe zum Detail gestaltet ist. Charmante Sitzbereiche fügen sich ins dichte Grün. So hat die Anlage mehr den Charakter eines verwunschenen Gartens als den eines sachlichen Apothekergartens. Doch alle Pflanzen gliedern sich nach den wichtigsten Anwendungsgebieten, denn Alexandra Unertl-Bufler hat den Anspruch, wichtige Informationen rund um das Thema Pflanzenheilkunde weiterzugeben. So finden sich überall in den Beeten verstreut große, mit prallem Heilpflanzenwissen gespickte Tafeln. Hier erfährt der Interessierte sowohl Wissenswertes über viele Beschwerdebilder als auch über die dagegen wirksamen Pflanzen mit dem genauen Hinweis, welche Pflanzenteile in welcher Form angewendet werden.

Bei Entzündungen der ableitenden Harnwege und Schwellung der Prostata empfiehlt sich die gute alte Brennnessel, das ist bekannt. Bei ersteren Beschwerden verwendet man jedoch das Kraut, bei der zweiten Erkrankung wird die Wurzel eingesetzt. In der Abteilung Venenerkrankungen findet man Stechenden Mäusedorn, Arnika, auch Bergwohlverleih

Das »Herbarium« bietet Platz für Veranstaltungen mitten im Grünen (oben). Hübsch gestaltete Sitzplätze, Treppchen und romantische Winkel prägen den Apothekergarten (linke Seite).

Umgeben von heilsamen Pflanzen, lässt sich in der Konzertmuschel Musik oder auch Vogelgesang lauschen.

genannt, Buchweizen und Beinwell. Doch im Apothekergarten wachsen nicht nur krautige Pflanzen, sondern ganz gezielt auch heilsame Gehölze, die zudem die ganze Anlage auflockern. Dazu gehört zum Beispiel der Wacholder. Das ätherische Öl seiner Beeren wirkt bei Nierengrieß und Harnsteinen.

Aber auch kulturell ist viel geboten: In einer kleinen Konzertmuschel kann musiziert werden, im »Herbarium« und im uralten »Holzhäusl« finden Vorträge, Kabarettabende, Räucherkurse und Seminare statt – und das nicht nur in der »grünen Jahreszeit«.

Die Bad Birnbacher Anlage gehört zum Netzwerk »Der Apothekergarten«, dem in Deutschland und Österreich über 30 Lehr- und Schaugärten angeschlossen sind.

Ausflugstipp

»Das ländliche Bad«, so nennt sich Bad Birnbach, das zusammen mit Bad Griesbach und Bad Füssing das so genannte niederbayerische Bäderdreieck bildet. Der Kurort, dem 1987 das Prädikat »Bad« verliehen wurde, liegt tatsächlich inmitten der Natur, eingebettet in die Rottaler Hügellandschaft. Hier entspringen die 70 Grad heißen Thermalquellen, die bei Gelenk- und Wirbelsäulenerkrankungen sowie bei Rheuma wohltuend wirken. In der bekannten Rottal Terme stehen 31 Badeinseln zum Kuren zur Verfügung. Umgeben vom weitläufigen Garten der Sinne liegt die Thermenwelt quasi mitten im Kurpark. Die Saunawelt ergänzt mit zehn verschiedenen Schwitzmöglichkeiten das Angebot zur Erholung.

Anhänger des Golfsports können in Bad Birnbach den Schläger schwingen. Der Golfpark Bella Vista verfügt über einen 18-Loch-Platz, einen 9-Loch-Kurzplatz und eine 280 Meter lange »Driving Range«.

Kräutertipp

Mönchspfeffer
(Vitex agnus castus)

Der Strauch ähnelt im Wuchs und in der Form der Blattfiedern der Weide. Doch mit seinen lilafarbenen Blütenständen gehört er zur Familie der Lippenblütler. In der Frauenheilkunde werden seine Früchte verwendet. Extrakte daraus helfen bei Menstruationsstörungen, prämenstruellem Syndrom und bei klimakterischen Beschwerden.

Der Mönchspfeffer hat noch einen anderen Namen: Keuschlamm. Als anaphrodisisch wirkende Pflanze »macht er den Menschen keusch wie ein Lämmlein«, wie es schon im Mittelalter hieß. Die Inhaltsstoffe wirken – das ist übrigens wissenschaftlich erwiesen – dämpfend auf den Sexualtrieb, der in den Klöstern nicht erwünscht war und nur das Keuschheitsgelübde in Gefahr brachte. Vor diesem Hintergrund verwundert auch der Name Mönchspfeffer nicht.

Der Mönchspfeffer ist eine alte Heilpflanze und war schon im Mittelalter gebräuchlich. Heute ist er ein Phytotherapeutikum, das bei unterschiedlichen Frauenleiden hilft.

Apothekergarten der Hofmark Apotheke

Bräugasse 2, 84364 Bad Birnbach
Tel. +49 171 8888366
www.hofmark-apotheke.de
Öffnungszeiten: Der Garten kann
nur im Rahmen einer Führung
besucht werden.
Größe: 1500 Quadratmeter
Parkmöglichkeit im Ort

Eintritt: 5 Euro inklusive
»Xundheitstrankl«
Keine Gastronomie
Nicht barrierefrei
Führungen: Juni/Juli/August
jeweils Montag um 16.30 Uhr und
Donnerstag um 9.30 Uhr, außer
an Feiertagen

Der »Kräuter-Parcours« im Tölzer Land

Über 400 verschiedene Wildkräuter, Duft- und Blütenpflanzen, unterschiedliche Biotope und Themenbereiche machen den Kurpark in dem kleinen Ort wahrlich zu einem Kräuter-Erlebnis-Park. Mit seinen interessanten Ideen wird er zu einer Art »Kräuter-Parcours«, der alle Sinne anspricht. Hier kann man einige Stunden verbringen, sich dabei erholen und gleichzeitig die Faszination der Pflanzenwelt spüren.

Gleich hinter dem Haus des Gastes geht es los. Der Geobiologische Lehrpfad informiert über besondere Naturphänomene, wie den eigenartigen Kümmer- und Drehwuchs, den man bei Bäumen oft beobachten kann. Entlang des Weges reihen sich die Beete mit heilkräftigen Pflanzen des Benediktbeurer Kloster-Receptars auf. Bad Heilbrunn gehörte nämlich bis zur Säkularisation 1803 zum Kloster Benediktbeuern. Das mittelalterliche Werk hält über 30 Arznei-Rezepturen bereit: »Wem das Husten wehtut, der nehme guten Wein in ein Gefäß, dass man bedecken kann und lege darein Alantwurzel und lasse es über Nacht stehen und trinke es morgens nüchtern.« Auch Meerrettich, Weinraute und Brennnessel wachsen hier. Et-

was weiter schlängelt sich ein murmelndes Bächlein durch die Wiese. An seinem Ufer wachsen Minze und Wasserdost. Es mündet in einen kleinen Weiher, der sich zum Wildpflanzen- und Tierbiotop entwickelt hat.

In einem Labyrinth wandelt der Besucher mitten durch all die Kräuter, die sich besonders für die Zubereitung von Tee eignen. Das heiße Getränk weckt die Lebensgeister und fördert die Gesundheit, wie zum Beispiel das weiß-filzig überzogene Kraut des Griechischen Bergtees, der das Immunsystem stärkt. Steigt man auf die Aussichtsplattform gleich nebenan, so kann man es wie einen Kräuterteppich aus der Vogelper-

Der Kräuter-Erlebnis-Park ist außerordentlich vielseitig und vereint die unterschiedlichsten Anwendungsbereiche von Kräutern aller Art, sei es im »Tee-Labyrinth« (oben), im Würzkräuterbeet oder in der Blütenpflanzenrabatte (linke Seite).

spektive betrachten. Heilsamer Tee hat in Bad Heilbrunn eine lange Tradition. Die Arzneitees der Marke Bad Heilbrunner kommen aus dem Kurort.

Für die Rast während einer ausgiebigen Tour stehen in einem wilden Wiesenstück komfortable Holzliegen bereit. Hier kann der Blick über die benachbarten Kräuterterrassen mit ihren Hochbeeten streifen, wo Poleiminze und die »Gummibärchenpflanze« die Nase überraschen und Madonnenlilien das Auge erfreuen. Unterschiedliche Themenbeete, zum Beispiel mit den verschiedensten Würzkräutern, säumen den Weg oder geben Aufschluss über Bade-, Schlaf- oder Haarpflegekräuter. Als solche entpuppen sich Salbei, Malve und Lavendel. Weiter geht es, vorbei an der Wildstrauchhecke und naturbelassenen Steinhügeln mit Totholz. Am Wegesrand erschließt sich ein keltisches Baumhoroskop mit 22 Stationen. Hier erfährt man einiges über die Stärken und Schwächen zum Beispiel der wissensdurstigen Pappel-Geborenen.

Nach der Überquerung des Krebsenbachs gelangt der Besucher in den magischen Teil des Parks. In einem »Zauberwald« lassen sich allerlei Wichtel aus Wurzeln im Gebüsch entdecken. Dann führt der Pfad zum Ziel auf dem Hügel: Hier trifft man auf einen Steinkreis, der den »Rat der Kräuterhexen« darstellen soll. Jeder kann sich in den Kreis der weisen Frauen einreihen und den mystischen Kräften der Kräuter nachspüren. Die zentrale Kräutersonne hält magische und heilkräftige Pflanzen wie Gundermann und Johanniskraut bereit.

Ausflugstipp

Wem der Sinn nach einer Bergwanderung steht, dem sei die Weiterfahrt nach Lenggries empfohlen. Dort geht es mit der Kabinenbahn auf den Hausberg Brauneck mit einer Gipfelhöhe von 1555 Metern. Oben gibt es jede Menge markierte Wanderwege. Ein herrliches Ziel ist zum Beispiel

Ganz gleich, ob Bachlauf, Beet mit »Benediktbeurer Receptar« oder Wiese – die verschiedenen Lebensbereiche von Kräutern finden hier Raum (oben und linke Seite).

Ein künstlich angelegter Bachlauf durchzieht den Kräuter-Erlebnis-Park. Hier lassen sich Pflanzen erkunden, die feuchte Standorte mögen, wie zum Beispiel der rosa blühende Wasserdost oder der pink-farbene Blutweiderich.

die Stie-Alm mit ihrem kleinen Kräutergarten zu Füßen einer malerischen Kapelle, umgeben von einem traumhaften Alpenpanorama.

Naturliebhaber können auf dem Brauneck sogar mit GPS-Geräten auf Erkundungstour gehen. Mit dem Navi in der Hand lassen sich bei der neuen AImblumenwanderung 37 Standorte von Enzian, Teufelskralle, Aurikel und Co. sicher auffinden. Die Geräte sowie eine nützliche Broschüre über die Pflanzen hält die Tourist-Info in Lenggries bereit.

Kräutertipp

Gundermann
(Glechoma hederacea)

Gundelrebe oder »Guckdurchdenzaun« wird der Gundermann auch genannt. Seinen Ursprung hat der Name aber in dem altgermanischen Wort »gund«, was so viel wie Eiter oder Geschwür bedeutet. In alter Zeit war Gundermann eine wichtige Heilpflanze bei schlecht heilenden Wunden. Gleichzeitig galt er als Hexenpflanze. Die frischen Triebe, am Abend vor Walpurgis an Haus- und Stalltür gehängt, schützten davor, dass Hexen dort ihr Unwesen treiben. Besonders gefürchtet waren Milchzauber, die Kühe nur wenig oder gar keine Milch mehr geben ließen. Deshalb mischte man Gundermann auch ins Viehfutter. Doch das Kraut schützte nicht nur vor Hexerei, es ließ auch Hexen erkennen. Dazu musste man sich nur an Walpurgis einen Kranz aus den langen Ranken auf den Kopf setzen – schon konnte man sehen, wer die Hexe im Dorf war.

Heute ist das hübsch blühende Kraut noch als würzige Zutat in der traditionellen »Gründonnerstagssuppe« zusammen mit acht weiteren Frühlingskräutern zu finden.

Der Gundermann breitet sich mit seinen langen Trieben gerne großflächig aus und kann dabei dichte Teppiche bilden, die aromatisch duften.

Kräuter-Erlebnis-Park

Wörnerweg 4
83670 Bad Heilbrunn
Tel: +49 8046 323
www.bad-heilbrunn.de
Öffnungszeiten: durchgehend
Größe: 2,2 Hektar
Parkmöglichkeit vorhanden
Eintritt frei
Gastronomie: Kräuterladen mit
Café-Bistro am Kräuterpark

Barrierefrei
Führungen: Von Mai bis September findet alle 14 Tage Mittwoch um 10 Uhr eine Führung statt, Treffpunkt bei der Gästeinformation (nur mit Anmeldung ab 5 Personen). Informationen zu weiteren Führungen im Veranstaltungskalender im Internet.

Die Heimat des »fränkischen Krüll«

Ein ganzes Feld voller Heilkräuter zieht im Freilandmuseum die Blicke auf sich. Besonders beeindruckend ist die Menge gleichartiger Kräuter, die sich in dichten Büscheln auf dem »Kräuteracker« entfalten. Salbei, Kamille, Baldrian, Eibisch, Ringelblume, Königskerze, Wermut und Sonnenhut werden gleich in mehreren Furchen je Sorte angebaut. Von weitem betrachtet, formt sich ein herrliches Bild mit breiten Streifen von Gold, Grün, Lila, Weiß und Purpur. Nähert man sich dem Feld zur Blütezeit, ist der Duft der Kräuter geradezu betörend.

Das Freilandmuseum ist zwar kein Kräutergarten, aber zum Konzept gehört, 700 Jahre fränkische Alltagsgeschichte nicht nur durch historische Gebäude zu dokumentieren, sondern mit Leben zu erfüllen. Und so wird auf dem großzügigen Museumsgelände echte Landwirtschaft betrieben. Bis in das 20. Jahrhundert hinein gehörte in Franken der großflächige Anbau von Heilkräutern dazu. Vor allem der »fränkische Krüll« – das ist nichts anderes als die Bezeichnung für die getrockneten Blätter der Pfefferminze – war hier einst zuhause. Einzeln von Hand gepflückt wurden von den Bauern auch die Blüten der Königskerze, für die Ernte der Kamillenblüten gab es immerhin einen Pflückkamm – dennoch eine mühsame Arbeit. Im Lauf der Zeit nahmen die Importe zu und der Feldanbau in Franken ab. So wurde die Königskerze nur bis in die 1920er Jahre kultiviert, der Anbau der Kamille wurde 1950 eingestellt. Durch das steigende Interesse an der Phytotherapie wächst die Nachfrage auch nach einheimischen Kräutern wieder. Bayernweit werden heute auf 1400 Hektar Gewürz- und Heilkräuter kultiviert, darunter auch wieder die Pfefferminze und der Sonnenhut.

Die unterschiedlichen Kräuter auf dem Feld beeindrucken in der Menge gleichartiger Pflanzen (oben). Die Bepflanzung der Hausgärten richtet sich nach den zugehörigen Gebäuden und ihrer Entstehungszeit (linke Seite).

Beim Laufen über das wunderschöne Gelände mit seinen »Dörfern« aus insgesamt rund 100 Bauernhäusern, Wirtsstuben, Mühlen und anderen wieder aufgebauten Originalgebäuden lassen sich auch zwei Dutzend Hausgärten bestaunen. Sie sind jeweils passend zur Bauzeit gestaltet und bepflanzt. Vor oder hinter dem Haus, immer von einem Holzzaun umgeben, sprießen als Gemüse Bohnen und Lauch, als Gewürze Liebstöckel und Salbei. Als Heilmittel wachsen Alant und Johanniskraut und als Blumen Stockrose und Schwertlilie in schöner Eintracht nebeneinander. Interessant: In der Baugruppe Mittelalter zeigt ein Hausgarten Pflanzen auf, die im Mittelalter im ländlichen, nicht klösterlichen Bereich kultiviert worden sein könnten. Die Landgüterverordnung »Capitulare de villis«, die Karl der Große um das Jahr 812 n. Chr. erließ, bildet die Grundlage für die Auswahl aus den 73 Kräuter- und Gemüsearten, die es damals nach dem Willen des Kaisers sein sollten. Und gleich nebenan lassen sich wilde Kräuter am Wegesrand entdecken. Giersch wird hier so wenig entfernt wie Brennnessel oder Schafgarbe und Echter Steinklee. Alles darf wachsen, und das macht den Charme des Museums aus.

Nicht versäumen sollten Besucher die außerhalb des Museums gelegene »Baugruppe Stadt«, die in wenigen Minuten zu Fuß erreichbar ist. Hier steht die Dauerausstellung Kräuter-Apotheke mit Hunderten von Schubladen und Fläschchen. Infotafeln erklären das Trocknen von Kräutern, vermitteln Wissenswertes über die Arbeit des Apothekers und die Geschichte der Heilkräuterkunde. Gerätschaften wie Mörser, Destillierkolben und Pillenmaschine verdeutlichen die Herstellung der Heilkräuterpräparate. Beim jährlichen »Apothekentag« ist Mitmachen beim Gießen von Zäpfchen und Mischen von Salben ausdrücklich erwünscht.

Schließlich findet alljährlich im Frühjahr unter dem riesigen Dach des Alten Bauhofes ein Heil- und Gewürzkräutermarkt statt, wo man sich mit traditionellen und seltenen Pflanzen für den Garten eindecken kann.

Die Ringelblume schmückt nicht nur die Gärten der Bauernhäuser, sie ist auch Grundlage der Ringelblumensalbe, die früher in keiner Hausapotheke fehlen durfte (oben).
In der Dauerausstellung »Kräuter-Apotheke« erfährt der Besucher viel über Anbau, Ernte und Verarbeitung der Kräuter zu pflanzlichen Arzneimitteln (linke Seite).

So wie früher zieren auch heute noch Stockrosen und Geranien Gärten und Fenster und tragen zum besonderen Charme der Bauernhöfe im Freilandmuseum bei.

Ausflugstipp

Bei einem Rundgang durch das Fränkische Freilandmuseum fühlt man sich wie auf einer Zeitreise. Über 100 originalgetreu eingerichtete Häuser zeigen, wie die ländliche Bevölkerung in Franken in früheren Jahrhunderten gelebt und gearbeitet hat. So hat man bei einem Spaziergang durch das Museumsgelände das Gefühl, von Dorf zu Dorf zu wandern. Bauernhöfe, Scheunen, Mühlen, Brauereien, Gasthäuser, Schäfereien und Handwerkerhäuser laden zur Entdeckungsreise in die Vergangenheit ein. Von Mai bis Oktober werden täglich wechselnde Handwerke gezeigt wie Weben, Wollspinnen, Besenbinden, Korbmachen, Büttnerei, Holzschuhmachen oder Schmieden. Besonders interessant ist auch das Museum Kirche in Franken in der Spitalkirche.

Kräutertipp

Pfefferminze
(Mentha piperita)

Die Zahl der Arten und Wildformen ist beinahe unerschöpflich. Die Echte Pfefferminze gedeiht jedoch nur in Kulturen. Als Bonbon oder Kaugummi ist sie in aller Munde, sie ist Grundlage für Pfefferminzlikör und den Cocktail »Mojito«. Besonders köstlich schmeckt sie als Nascherei mit einem Überzug aus dunkler Schokolade. Dafür nicht allzu kleine, frische Minzblättchen ernten. Kuvertüre von guter Qualität im Wasserbad schmelzen, die Blätter vorsichtig durch die Schokolade ziehen und auf Backpapier auskühlen lassen. Gut gekühlt ein Genuss!

Weitaus bekannter ist die medizinische Verwendung der Pfefferminze aufgrund ihres hohen Gehalts an ätherischen Ölen, vor allem an Menthol. Es wirkt kühlend und durchblutungsfördernd und leistet – in die Schläfen einmassiert – bei leichten Kopfschmerzen gute Dienste. Bei Magenproblemen hilft Tee aus Pfefferminzblättern oder drei Tropfen ätherisches Pfefferminzöl, in ein Glas Wasser geträufelt.

Die Minze in ihren fast unzähligen Variationen ist ein »Allroundtalent«: Sie erfrischt, sie schmeckt und heilt sogar.

Fränkisches Freilandmuseum
Eisweiherweg 1
91438 Bad Windsheim
Tel. +49 9841 66800
www.freilandmuseum.de
Öffnungszeiten:
8. März bis 25. Oktober 9–18 Uhr,
26. Oktober bis 14. Dezember
10–16 Uhr. Im März, April, Oktober,
November und Dezember Montag
geschlossen, Ostermontag geöffnet.
Größe: ca. 1000 Quadratmeter
(Kräuteracker und Hausgärten),
gesamtes Gelände 45 Hektar

Parkmöglichkeit vorhanden
Eintritt: Erwachsene 6 Euro,
ermäßigt 5 Euro, Kinder unter
6 Jahren frei, Familienkarte 15 Euro
Gastronomie: verschiedene Wirtshäuser auf dem Gelände
Barrierefrei
Führungen: Ein vielseitiges Angebot an Themenführungen, auch
mit dem Schwerpunkt »Wildkräuter
und Kräuteranbau«, findet man im
Internet.

Zurück zu den Wurzeln der modernen Phytotherapie

Seit ungefähr 10.000 Jahren behandelt sich der Mensch bei Verletzungen und Krankheiten mit Heilpflanzen. Doch welche davon waren damals überhaupt als solche bekannt? Und wie entwickelte sich aus diesem uralten Wissen die moderne Phythotherapie, für die sich heute immer mehr Menschen interessieren? Antworten darauf findet man in dem kleinen, aber historisch interessanten Kräutergarten im Kurpark in Bad Windsheim. Hier lässt sich anhand der Gewächse die Entwicklung der Pflanzenheilkunde in Europa verfolgen.

In China, Indien und im Iran haben Pflanzen von jeher einen festen Stellenwert in der Medizin. Auch in Europa waren bis vor 200 Jahren 80 Prozent aller Arzneimittel pflanzlichen Ursprungs, bis sich die Herstellung synthetischer Medikamente durchsetzte. Die europäische Heilkunde basiert auf der Grundlage der griechisch-römischen Medizin der Antike. So behielt das Arzneibuch »Materia medica« des berühmten Arztes Dioskurides, das schon um 70 n. Chr. erschienen war, 1500 Jahre lang seine Gültigkeit. Im Mittelalter waren es dann die Mönche, die die Pflanzenheilkunde weiterentwickelten. Deshalb spricht man auch von der Epoche der Klostermedizin, in die auch das Wissen der Volksmedizin Eingang fand.

Huflattich war und ist ein probates Heilmittel gegen Husten (oben).
Zu unseren ältesten Kulturpflanzen zählt der Schlafmohn (linke Seite).

Die wichtigsten Schriften dieser Zeit stammen aus der Feder der Äbtissin Hildegard von Bingen, die Ringelblume, Arnika, Maiglöckchen und Rainfarn als Heilpflanzen beschrieb. Neue Impulse kamen aus der arabischen Welt. Artischocke, Löwenzahn und Melisse lernte man hierzulande erst auf diese Weise kennen. In der Neuzeit kamen bisher noch

Ganzjährig gemulchte Wege erschließen den Kräutergarten (ganz oben).
Der Rote Fingerhut ist tödlich giftig, doch aufgrund seiner Herzglykoside wird er in der Phytotherapie als gängiges Arzneimittel bei Herzschwäche eingesetzt.

unbekannte Arzneipflanzen wie der Sonnenhut von den Indianern und auch die Nachtkerze aus Amerika hinzu. Mit der Erfindung des Buchdrucks verbreiteten sich Kräuterbücher nahezu in derselben Geschwindigkeit wie die Bibel. So auch das »New Kreüterbuch« des u. a. in Ansbach wirkenden Arztes und Botanikers Leonhart Fuchs. Über all diese Hintergründe informiert das Konzept des Gartens. Erarbeitet hat es der gebürtige Bad Windsheimer Dr. Johannes Gottfried Mayer; er ist Medizinhistoriker und Experte für Klostermedizin. Der Kräutergarten geht auf eine ältere Anlage zurück, die von 2010 bis 2012 nach Mayers Planung gestaltet und bepflanzt wurde.

Das Areal ist, zum Teil auch mit Hochbeeten, nach den unterschiedlichen Abschnitten der Geschichte der Heilpflanzenkunde angelegt. Jede Epoche wird auf begleitenden Tafeln skizziert. Interessant ist die Beschriftung der einzelnen Gewächse mit Angabe der Verwendung in vergangenen Zeiten und heute. So erfährt man, dass die Hohe Schlüsselblume in früheren Jahrhunderten bei Gicht und Schlaganfall eingesetzt wurde – ganz anders als heute, wo sie vor allem bei Erkrankungen der Atemwege Verwendung findet. Der Schlafmohn dagegen galt offenbar schon immer als probates Schlaf- und vor allem Schmerzmittel. Neben krautigen Pflanzen kommen hier auch heilsame holzige Gewächse wie Weißdorn und Holunder vor. Exotische Heilpflanzen allerdings, wie Zimt, Muskatnuss, Ingwer und Gewürznelke, finden in unseren Breiten nicht die richtigen Wachstumsbedingungen und werden im Kräutergarten im Kurpark nicht angebaut.

Ausflugstipp

Nur wenige Minuten zu Fuß entfernt vom Kurpark liegt die Franken-Therme Bad Windsheim. Dort können sich Gäste fast wie im Urlaub fühlen. In der großzügigen Thermallandschaft mit ihrem ansprechenden

Freigelände lässt es sich herrlich entspannen. Außergewöhnlich ist der künstlich angelegte Salzsee – ein ganzjährig beheizter, teilüberdachter Freiluftsee im Außenbereich. Aufgrund der besonders hochprozentigen Sole (26,9 % Salzgehalt), mit der der Salzsee gespeist wird, schwebt man beinahe schwerelos im Wasser.

Kräutertipp

Artischocke
(Cynara scolymus)

Mit den Arabern gelangte die Artischocke zuerst auf die Iberische Halbinsel. Im Mittelmeerraum findet sie die besten Wachstumsbedingungen. Sie wurde zunächst als Delikatesse und Aphrodisiakum geschätzt und war entsprechend teuer. Als Heilmittel sind heute ihre Blätter bei Magen-Darm-Beschwerden anerkannt. Das liegt an ihrem hohen Gehalt an Bitterstoffen, die den Gallenfluss anregen und zu einer besseren Fettverdauung führen. Der Bitterstoff Cynarin gilt als leberschützendes Mittel. Als Digestif mit verdauungsfördernder Wirkung ist der italienische Likör namens »Cynar« bekannt. Er wird aus Artischocken und Kräutern hergestellt.

Der Blütenboden und die inneren, fleischigen Hüllblätter der Artischockenknospe sind eine Delikatesse. Ein Fest fürs Auge ist es, wenn sich der Blütenstand mit seinen lilafarbenen Röhrenblüten entfaltet.

Kräutergarten im Kurpark
Zugang über Schwarzallee (vor der Kiliani-Klinik rechts, direkt am Weg)
91438 Bad Windsheim
Tel. +49 9841 66890
(Stadtverwaltung)
www.bad-windsheim.de
Öffnungszeiten: frei zugänglich
Größe: 200 Quadratmeter

Parkmöglichkeit an der Tourist-Information bzw. an der Franken-Therme
Eintritt frei
Gastronomie: Cafe/Minigolf im Kurpark
Barrierefrei
Keine Führungen

Curry-helichrysu = Currystrauch
verw: Reis-, Kartoffel-, Fleisch-, Fischgerichte

Typisch Zwiebeltreter!

Ihren Spitznamen »Zwiebeltreter« verdanken die Bamberger dem traditionellen Anbau dieses Lauchgewächses. Wie die Erwerbsgärtner vor rund 100 Jahren gelebt und gearbeitet haben, wird im Gärtner- und Häckermuseum lebendig dargestellt. Hinter einem typischen Gärtnerhaus des 18. Jahrhunderts erstreckt sich der lange und schmale Hausgarten. Hier werden, ganz wie früher, Zwiebeln und andere Gemüsesorten sowie das Süßholz angebaut, auf das Bamberg seit 1500 ein Quasimonopol hatte. Auch ein umfangreicher Kräutergarten zur eigenen Versorgung durfte dort nicht fehlen.

Im Schlafzimmer des liebevoll restaurierten Häuschens inmitten der Altstadt hängt gleich neben dem Bett ein Holzkästchen mit kleinen Schubladen an der Wand – die Hausapotheke. Da hinein gehörte alles, was so ein Erwerbsgärtner, der ja tagtäglich und bei jedem Wetter an der frischen Luft arbeitete, für seine Gesundheit brauchte: Lindenblüten und Holunder bei Erkältung, Salbei bei Halsschmerzen und Eibisch bei Husten. Gewachsen sind diese Heilpflanzen im Garten gleich hinterm Haus. Auch heute sind sie da zu finden und ziehen sich als schmaler Beetstreifen rund um die bewirtschaftete Ackerfläche. Da sind zunächst die mehrjährigen Heilkräuter wie zum Beispiel Sonnenhut, Arnika, Schafgarbe und Andorn. Auf der anderen Seite finden sich die ein- und zweijährigen Pflanzen wie Borretsch, Fenchel, Kümmel und andere. Schließlich gibt es noch die mehrjährigen Gewürzkräuter wie Ysop, Pimpinelle, Zitronenmelisse und natürlich Schnittlauch. Alle Kräuter sind auf rustikalen Holzschildern mit ihren Namen in Deutsch und Lateinisch sowie einem Hinweis zu ihrer Verwendung genannt. Nicht fehlen durfte am Bauernhaus in früheren Jahrhunderten der »Hollerbusch« – Schutzpflanze der Bewohner und »Apotheke des kleinen Mannes«. Hier steht er an der Nahtstelle

In Reih und Glied werden am Gartenzaun entlang die Kräuter präsentiert (oben). Sieht aus wie Curry, riecht wie Curry und schmeckt auch so: der dekorative Currystrauch (linke Seite).

Die Gewürz- und Heilkräuter (ganz oben) sind außen herum gruppiert und mit Holzschildern beschriftet. In der Mitte des Außenbereichs werden unter den Gemüsen verschiedene Kohlsorten angebaut (oben).

zwischen Haus und Garten in zweckmäßiger Eintracht mit Mistgrube und Toiletten-»Häusla«, genau wie im früheren bäuerlichen Leben.

Auch Wein gedeiht im Hausgarten, obwohl Bamberg ja als Bierstadt berühmt ist. Häcker ist die fränkische Bezeichnung für Winzer, die schon im Mittelalter an den Hängen rund um den Bamberger Domberg ihre Trauben anbauten. Doch im 19. Jahrhundert war der Rebensaft bald als »Ranzenbeißer« verschrien, und die Kultivierung wurde aufgegeben. 2012 wurde diese Tradition wieder aufgegriffen und am Michaelsberg erneut ein Weinberg angelegt.

Ebenfalls sind verschwundene oder vergessene lokale Gemüse und Blumen wieder ins Blickfeld gerückt. Im Bamberger Sortengarten neben dem Hausgarten des Museums lassen sich u.a. Speisemelde, Erdkohlrabi und Pastinake wieder neu entdecken. Damit leistet das Museum einen Beitrag zur Erhaltung der Biodiversität, der biologischen Vielfalt.

Mit einem neuen Konzept wird 2016 der Museumsgarten umgestaltet. Dann sollen vor allem Kräuter angebaut werden, die in der Zeit vor dem Ersten Weltkrieg gebräuchlich waren und damit in die Epoche der Ausstattung des Hauses passen.

Ausflugstipp

Als Unesco-Welterbe »Altstadt Bamberg« ist das gesamte Zentrum mit Dom, Residenz und Rathaus sehenswert. Das Gärtner- und Häckermuseum liegt im Viertel Gärtnerstadt, das ursprünglich »Gärtnerey« genannt wurde. Dieser Stadtteil ist wesentlicher Bestandteil des Unesco-Welterbes. Das kleine Freilandmuseum widmet sich dem gewerblichen innerstädtischen Leben der Gemüse- und Weingärtner, ihrer Kultur und ihrer Geschichte. Neben der Einrichtung einer wohlhabenden Gärtnerfamilie um 1900 beherbergt das Museum auch kunstvolle Skulpturen der lokalen Gärtner-Heiligen, die auch heute noch im Mittelpunkt der alljährlichen Fronleichnamsprozession stehen.

Kräutertipp

Zwiebel
(Allium cepa)

Wie gesund die Zwiebel ist, wussten schon die alten Ägypter, die beim Bau der Pyramiden diese Knollen ihren Sklaven zu essen gaben. Mit ihren hochwirksamen Lauchölen, die uns beim Schneiden zum Weinen bringen, wirkt die Zwiebel, ähnlich wie der Knoblauch, wahre Wunder: Beide haben antibakterielle, antivirale und antimykotische Eigenschaften. Außerdem senken sie den Cholesterinspiegel und wirken Arterienverkalkung entgegen. Auch bei Husten und beginnender Erkältung empfiehlt sich die Zwiebel in Form eines Sirups: 125 ml Wasser mit drei Esslöffeln Zucker zum Kochen bringen, abkühlen lassen und eine fein gehackte Zwiebel einrühren. Drei- bis fünfmal täglich ein bis zwei Teelöffel davon einnehmen.

Die Zwiebel darf im Gärtner- und Häckermuseum nicht fehlen, stand sie doch Pate für den Spitznamen »Zwiebeltreter« für die Bamberger Gärtner. Er stammt vom Umtreten der Zwiebelschlutten auf dem Feld.

Gärtner- und Häckermuseum

Mittelstraße 34
96052 Bamberg
Tel. +49 951 30179455
(Verwaltung), 201618 (Kasse)
www.ghm-bamberg.de
Öffnungszeiten:
1. Mai bis 31. Oktober, Mittwoch
bis Sonntag und Pfingstmontag
11–17 Uhr und nach Vereinbarung

Größe: 480 Quadratmeter
Keine Parkmöglichkeit
Eintritt: 3 Euro, ermäßigt 2,50 Euro,
Kinder und Jugendliche 1 Euro
Keine Gastronomie
Hof, Garten und WC barrierefrei,
Erdgeschoss eingeschränkt
barrierefrei
Führungen: Audioguide

Wo Mussärol und Süßholz wurzeln

Was wären Brat- und Leberwurst ohne ihn? Der Mussärol verleiht den deftigen und fetten Spezialitäten ihren unvergleichlichen, typisch würzigen Geschmack. Hinter dem seltsam klingenden Dialektnamen der Bamberger Gärtner verbirgt sich aber nichts Exotisches, sondern ganz einfach der Majoran. In der Weltkulturerbe-Stadt hat der Anbau des Würzkrauts eine lange Tradition, die bis ins Mittelalter zurückreicht. In getrockneter Form wurde er zum Exportschlager und noch bis Anfang des 20. Jahrhunderts auf dem Feld angebaut, lange nachdem dort schon vom Gewürz- und Heilpflanzenanbau auf Gemüseanbau umgestellt worden war.

Historischen Nutzpflanzen und Kräutern widmet sich die Biogärtnerei von Gertrud Leumer, die ihrem Betrieb gleich den Namen des beliebten »Wurstkrauts« auf die Fahne geschrieben hat. Seit mindestens sechs Generationen nutzt die Familie das alte Gärtnerhaus im traditionsreichen Bamberger Gärtnerviertel Wunderburg. Schmal ist es, und hinter der Wagendurchfahrt öffnet sich – völlig unerwartet mitten in der Stadt – das weit reichende Gelände der Anbauflächen mit einem Schaukräutergarten.

Die Gärtnerei ist eine Oase der Ruhe in der quirligen Domstadt und ein Stück fruchtbares Land unweit asphaltierter Straßen. Duftende Kräuterbüschel hängen von der hohen Decke der Einfahrt. In Regalen steht in Reih und Glied Köstliches aus Kräutern, das käuflich erworben werden kann. Daran schließt sich sogleich das erste Gewächshaus an. Hier werden die unterschiedlichsten Kräuter in Töpfchen gezogen. Auch sie können gekauft werden. Draußen auf einer Wiese mit Liegestühlen und anderen Sitzmöbeln kann man die

Heilkräuter, Teekräuter, Küchenkräuter – für alle Arten gibt es in der Kräutergärtnerei Mussärol eine eigene Abteilung (oben und linke Seite).

Sonne genießen, oder man streift durch einen verwunschenen Garten mit alten Obstbäumen und lauschigen Ecken. Unvermittelt stößt man auf die Kräuterbeete des weitläufigen Schaugartens. In langen bunten Streifen ziehen sie sich bis ans weit entfernte Ende des Grundstücks. Man kann daran entlang schlendern und die enorme Vielfalt der Pflanzen, alle sorgfältig mit Porzellanschildchen beschriftet, erkunden. Jeder dieser breiten Kräuterstreifen hat ein eigenes Thema: Duftpflanzen, Heilkräuter, Küchenkräuter, Teekräuter und »Nachtdufter« – insgesamt an die 200 verschiedenen Arten. Es leuchtet rot, gelb, blau, lila, violett, pink und weiß. Die Römische Kamille, gefüllt und ungefüllt, bildet einen dichten Teppich im Beet der Duftkräuter. Dort wächst auch das Marienblatt. Mit seinen schlichten, weißen Blüten und den graugrünen Blättern ist es recht unscheinbar. Doch beim Trocknen entfaltet sich ein zarter, sehr angenehmer Duft. Es heißt, man habe es früher in die Gesangbücher als »Schmeckbladl«, also als Duftblatt, eingelegt ...

Die Aufgabe, der sich die Kräutergärtnerei Mussärol verpflichtet fühlt, ist das Bewahren alter Kulturpflanzen, besonders traditionsreicher Bamberger Gewächse wie der Kartoffelsorte »Bamberger Hörnla« oder eben des Mussärols. Das ist der einjährige Majoran (Origanum majorana), der oft mit dem Oregano (Origanum vulgare) verwechselt wird. Sie gehören zwar beide zur gleichen Pflanzengattung, sind aber unterschiedliche Arten. Bei genauerer Betrachtung sehen beide auch sehr unterschiedlich aus und schmecken vor allem verschieden. Oregano ist als das »Pizzagewürz« schlechthin bekannt. Seine wilde Form wird Dost genannt, und dieser wird oft auch als »Wilder Majoran« bezeichnet. Er ist allerdings mehrjährig und winterhart. Außerdem sind seine Blüten rosa. Beim Mussärol sind diese weiß, und die Knospen sehen aus wie kleine Kügelchen. Die Blättchen sind kleiner, und insgesamt hat er eine zartere Gestalt.

Und noch eine alte Pflanze wird in Bamberg seit dem Mittelalter angebaut: das Süßholz. Ohne das ganz spezielle Aroma seiner Wurzeln

Oregano oder auch Wilder Majoran verleiht italienischen Speisen den typischen Geschmack (ganz oben). Üppig bewachsene, blühende Kräuterstreifen ziehen sich durch den Garten (oben). Dort gibt es auch verträumte Plätze wie im Foto auf der linken Seite.

Das Gartengrundstück mit seinem reichen Blütenflor liegt in einem alten Gärtnerviertel mitten in der belebten Innenstadt.

würden die schwarzen Lakritzschnecken gar nicht so unvergleichlich gut schmecken! Einen wahren Boom erlebte die Staude im 18. Jahrhundert: Man hatte erkannt, dass mit Süßholz ein Kraut gegen Husten und Gicht gewachsen war. Die Bamberger Pflanze wurde bis nach Prag, Wien und Budapest exportiert. Mit der Entwicklung der organischen Chemie wurde sie jedoch vom Markt verdrängt. In den 1950er Jahren war es dann mit dem Anbau vorbei. Heute allerdings kultiviert es u. a. wieder die Gärtnerei Mussärol auf einem 800 Quadratmeter großen Feld. Der Acker gehört zu einem Projekt der Bamberger Süßholz-Gesellschaft, die den Süßholzanbau als deutschlandweit einzigartige Besonderheit Bambergs wieder aufleben lassen möchte. Natürlich gibt es die Pflanzen und auch die schmackhaften Wurzelstücke zum Kauen zu kaufen.

Ausflugstipp

Zauberhaft ist die Sommerresidenz der Bamberger Fürstbischöfe im nahen Memmelsdorf. Schloss Seehof mit seinen vier markanten Ecktürmen liegt inmitten eines herrlichen Barockgartens. Die Prachträume des Schlosses können heute wieder besichtigt werden. Ein besonderes Prunkstück ist die 1772 geschaffene Kaskade im Garten, die restauriert wurde und wieder in Betrieb ist. Das Programm der Wasserspiele verkündet den Ruhm des Herkules, stellvertretend für den Fürstbischof. Rokokoskulpturen des berühmten fränkischen Gartenbildhauers Ferdinand Tietz schmücken den Park, der von Linden- und Kastanienalleen gegliedert wird. Beeindruckend sind die alten Hainbuchenhecken, ebenso der alte Laubengang und die Lindensäle. Die Orangeriegebäude mit dem Memmelsdorfer Tor und den später hinzugefügten Gewächshäusern auf beiden Seiten gehören zu den bedeutendsten Orangeriebauten in Franken. Im Sommer verströmen Pomeranzen-, Orangen- und Zitronenbäume im Freien ihren betörenden Duft.

Kräutertipp

Süßholz
(Glycyrrhiza glabra)

Süßholz ist eine attraktive Staude, die warme und sandige Böden, wie sie in Bamberg vorhanden sind, liebt. Geschätzt wird Süßholz wegen seiner Wurzel, deren Saft die entscheidende Zutat für Lakritz ist. Schon in der Antike war Glycyrrhiza bekannt; es erhielt seinen Namen aus den Wörtern für »süß« und »Wurzel«. Geerntet wird die Pfahlwurzel, die in früheren Jahrhunderten gerne gekaut wurde, mit ihren weit verzweigten Ausläufern. Süßholz schmeckt aber nicht nur, es heilt auch. Vor allem das enthaltene Glycyrrhizin wirkt bei Atemwegserkrankungen und sogar bei Magen- und Darmgeschwüren. Dafür bereitet man die Wurzel als Tee zu, den man allerdings maximal sechs Wochen lang einnehmen sollte, denn er kann zu Bluthochdruck und Ödembildung führen. Auch beim Naschen von Lakritz sollte man daher Zurückhaltung üben.

Die Gärtnerei Mussärol legt Wert auf die Pflege alter Kulturpflanzen wie Süßholz, das in Bamberg eine lange Tradition hat. Die wenigsten wissen, wie die »Geschmacksgeberin« der Lakritze aussieht – hier gibt es sie ackerweise zu bestaunen.

Kräutergärtnerei Mussärol
Nürnberger Straße 86
96050 Bamberg
Tel. +49 951 22023
www.biokraeuter.info
Öffnungszeiten: Mitte April bis
Mitte Oktober (siehe Internet)
Mittwoch 14–18 Uhr,
Freitag 10–18 Uhr,

Samstag 9–14 Uhr
Größe: 3000 Quadratmeter
Keine Parkmöglichkeit
Eintritt frei
Gastronomie: Hofladen
Barrierefrei
Führungen siehe Internetseite

Kräuter als Quellen der Besinnung

»Gott segne jeden deiner Schritte im Labyrinth deines Lebens.« Dieser Segen aus Irland ist auf einem Schrifttäfelchen im Meditationsgarten am Benediktbeurer Maierhof zu lesen. Als ein Weg durch ein Labyrinth voller Kräuter ist er angelegt – symbolisch für den nicht immer geradlinig verlaufenden Weg durchs Leben. Über die sinnliche Wahrnehmung der Pflanzen kann man wieder zur Besinnung kommen und Ruhe finden, ganz in der klösterlichen Tradition.

Auf dem Weg zur Mitte durchschreitet der Besucher vier große Beetkreise voller herrlich grüner und blühender Pflanzen. Der Grundriss orientiert sich an dem berühmten Bodenlabyrinth der Kathedrale von Chartres. Ohne Kreuzungen und Sackgassen wird man auf dem 160 Meter langen Natursteinweg bis zum Brunnen mit einem natürlichen Quellstein geleitet. Die Bepflanzung ist nach vier Themenbereichen gegliedert: Kräuter für alle Sinne, Kräuter für die Küche, heilende Kräuter und Symbolkräuter. Dabei geht es sowohl an krautigen Pflanzen wie auch an Sträuchern und dichten Buchskugeln vorbei. Niedrige und hohe Pflanzen wechseln sich ab, dicht bewachsene Rosenbögen gliedern den Weg. Außergewöhnlich ist der innerste Kreis mit seinen Symbolkräutern. Seit uralten Zeiten sind viele Pflanzen ein Symbol für etwas, was den Menschen wirklich wichtig ist. So ist die Rose das Symbol für Liebe, die Lilie ist Sinnbild für Maria, für Treue und Reinheit, der Ölbaum bedeutet Frieden. In Vergessenheit geraten ist, dass die Erdbeere ein Symbol für Demut und Bescheidenheit ist, der Buchsbaum für Tod und Auferstehung und der Frauenmantel der Inbegriff der Mütterlichkeit, der Geborgenheit und Weisheit ist. All dies ist auf den Schrifttafeln zu den einzelnen Pflanzen nachzulesen.

Der Meditationsgarten entfaltet sich als großflächiges, farbenprächtiges Kräuterlabyrinth vor den historischen Klostermauern (linke Seite). Dort findet der Interessierte auch viele, teils christliche Symbolpflanzen wie die Rose (oben).

Gebräuchlicher Fenchel.

In der Klostermedizin ist der Fenchel mit seinen aromatischen Früchten ein wichtiges Heilmittel. Auch er gehört zu den vielen Pflanzen, die sich bei der Basilika St. Benedikt entfalten dürfen (oben). Diese gilt als drittwichtigster Benedikt-Wallfahrtsort weltweit (rechte Seite).

Viele der Arten sind schon im Benediktbeurer Rezeptar verzeichnet. Es wurde im 13. Jahrhundert im Kloster in Mittelhochdeutsch verfasst und gehört heute zu den ältesten erhaltenen medizinischen Handschriften aus dem bayerischen Raum. 35 Tee- und Arzneikräuter mit Anwendungsempfehlungen sind in dem Rezeptar aufgelistet. Für die Verwendung von Fenchel heißt es dort: »ze der hvsten – swem div huste we tv der nem venchelwrz vn(d) stoz daz in einem morser mit wazer vn(d) trinch daz nivn tag.« In der Übersetzung: »Für den Husten – Wem der Husten weh tut, der nehme Fenchel und stoße das in einem Mörser mit Wasser und trinke das über neun Tage hinweg.«

Während die Klöster des frühen Mittelalters vor allem in der Krankenpflege tätig waren, entwickelten sie sich später immer mehr zu Apotheken, nicht nur für die eigenen Mönche und Nonnen, sondern auch für die Bevölkerung. In den Klostergärten wurden all die heilkräftigen Pflanzen gezogen und dann zur Herstellung der verschiedensten Arzneimittel verwendet.

An der Südseite des Maierhofs befindet sich schließlich noch ein Kräutergarten mit Beispielen aus der Entwicklungsgeschichte verschiedener Pflanzen. Für Rollstuhlfahrer und Gehbehinderte sind die Beete dort erhöht und mit einem Handlauf versehen. Hier gibt es auch eine Kräuterspirale mit Küchenkräutern wie Bohnenkraut und Goldoregano. Von dort aus gelangt man in den Kräuter-Erlebnis-Laden, der von Kräuterpädagoginnen aus dem Tölzer Land betrieben wird. Sie verkaufen ganz besondere Spezialitäten aus Wildkräutern und laden auch zu Wildkräuterwanderungen ein.

Kräutergarten und Meditationsgarten, gelegen inmitten einer traumhaft schönen Alpenlandschaft, bilden zusammen mit der barocken Klosteranlage und dem Friedhof ein außergewöhnliches Ensemble.

Die Berge sind ganz nah und bilden einen stimmungsvollen Hintergrund für den Meditationsgarten. Dichte Buchskugeln gliedern die geschwungenen Beete und setzen Akzente zwischen den Kräutern.

Ausflugstipp

Das Kloster, schon um das Jahr 725 gegründet, ist eines der ältesten Benediktinerklöster Bayerns. An der Gestaltung der barocken Klosteranlage waren bedeutende Künstler jener Zeit wie Kaspar Feichtmair, Georg Asam, Johann Baptist Zimmermann, Johann Michael Fischer, Ignaz Günther, Johann Michael Feuchtmayer u. a. beteiligt. Besondere Sehenswürdigkeiten sind die ehemalige Abteikirche und heutige Pfarrkirche St. Benedikt, die Anastasia-Kapelle und ein gotischer Kreuzgang. Im Rahmen einer Führung sind auch der frühbarocke Festsaal und der Kurfürstensaal zu sehen. Das von 1708–1718 errichtete Ökonomie-Gebäude – der Maierhof – war eines der größten und modernsten landwirtschaftlichen Gebäude der Barockzeit und als Zentrum der klösterlichen Landwirtschaft ein Modellbetrieb seiner Zeit. Heute hat im Maierhof das Zentrum für Umwelt und Kultur seinen Sitz, das auch die Gärten betreibt. Seit 1930 ist die Ordensgemeinschaft der Salesianer Don Boscos im Kloster beheimatet. Man kann sich auch als Ruhe suchender Gast hier einquartieren.

Kräutertipp

Alpen-Edelweiß
(Leontopodium nivale)

Entgegen der romantischen Vorstellung einer nur unter Lebensgefahr zu pflückenden Pflanze wächst das Edelweiß eher auf alpinen Wiesenflächen als auf hoch aufragenden Felsen. Es gilt aber als stark gefährdet.

Obwohl es sehr hübsch aussieht, ist das Edelweiß vor allem ein Gewächs zum Fühlen, denn es ist von einem wolligweißen Filz überzogen. Vor allem die schmalen Laubblätter sind an der Unterseite stark behaart. Diese filzige Oberfläche ist eine raffinierte »Erfindung« dieser und auch anderer Pflanzen: Sie dient einerseits als Verdunstungsschutz, andererseits als Schutz vor Wärmeverlust. In der Alpenregion ist die Sonneneinstrahlung sehr hoch, und es kann empfindlich kalt werden. Die weißen Hochblätter werden oft für die Blüte gehalten, doch haben sie nur eine Schaufunktion und dienen dem Anlocken Nektar suchender Insekten. Die eigentlichen, kugeligen Blütenstände sitzen in der Mitte. Als typische alpine Pflanze gelangte das Edelweiß ins Logo des Deutschen Alpenvereins, in Abzeichen von Bergwacht und Gebirgstruppen, aber auch auf die österreichische Zwei-Cent-Münze.

In Benediktbeuern lässt sich das Edelweiß einmal ganz lebendig, statt gepresst, und aus der Nähe betrachten und bestaunen.

ZUK Zentrum Umwelt und Kultur Benediktbeuern

Zeilerweg 2 (Maierhof)
83671 Benediktbeuern
Tel. +49 8857 88777
www.zuk-bb.de
Öffnungszeiten: frei zugänglich
Größe: 1100 Quadratmeter
Parkmöglichkeit vorhanden

Eintritt frei
Gastronomie: Kloster-Café, Klosterbräustüberl mit Biergarten,
Café im Kräuter-Erlebnis-Laden
Barrierefrei
Führungen über den Kräuter-Erlebnis-Laden, Tel. 08857 88734

7000 Quadratmeter Natur pur

12

Von einer Blumenwiese träumte Markus Gastl schon lange. Vor sieben Jahren begann er, hart daran zu arbeiten, diesen Traum Wirklichkeit werden zu lassen. Heute ist sein Garten ein Paradies für Wildblumen und damit auch für Schmetterlinge und Insekten, vor allem Wildbienen; denn hier gibt es Nektar und Pollen in Hülle und Fülle.

Den Anfang machte ein kleiner Steingarten vor dem Haus. Dann kam eine 7000 Quadratmeter große Wiese voller Gras, Löwenzahn und Hahnenfuß dazu, die der Naturfreund mühsam in ein abwechslungsreiches Naturgelände umformte. Eine 50 Zentimeter dicke Bodenschicht wurde abgetragen, Samen von Wildpflanzen ausgebracht, wilde Sträucher wurden gepflanzt. Aus tonnenweise Bauschutt sammelte Gastl Steine und schichtete sie zu Trockenmauern und 35 Steinpyramiden auf, deren Ritzen jetzt Insekten bewohnen. Neue Pflanzen siedelten sich an und zogen weitere Insektenarten an. Nach und nach entwickelte sich das Grundstück zum Naturparadies.

Bei seinen Führungen über das weitläufige Gelände möchte Markus Gastl den Menschen wieder ein Gefühl für die Natur vermitteln. Denn bei seinen Reisen durch Amerika, die er über Tausende von Kilometern mit dem Fahrrad unternommen hat, war ihm viel Naturzerstörung begegnet. Wieder daheim, wurde der Gedanke, einen natürlichen Garten anzulegen, immer konkreter. Der Schutz unserer einheimischen Gewächse und Tiere sollte im Mittelpunkt stehen. »Es gibt 4500 einheimische Pflanzen. Sie wären perfekt für unsere Gärten«, so Gastl, »stattdessen gestalten wir sie mit Kies und exotischen Pflanzen.«

Komplett anders ist sein Hortus. Hier ist alles Natur. Er folgt dem von ihm entwickelten Drei-Zonen-Modell. Es wird nicht gedüngt, gegossen

Steinpyramiden geben den Besuchern Botschaften mit auf den Weg und gliedern den Naturgarten (oben). Markus Gastl hat eine Löwenzahnwiese in eine artenreiche Magerwiese verwandelt, die die unterschiedlichsten Insekten anlockt (linke Seite).

Echtes Labkraut und Kartäusernelke fühlen sich auf dem steinigen und trockenen Boden wohl (ganz oben). Im Hortus Insectorum dürfen alle Pflanzen wachsen, die sich einfinden, und so ist hier alles pure Natur mit Wildkräutern in Hülle und Fülle (oben).

oder Unkraut gejätet. Im Zentrum steht die Hot-Spot-Zone mit ihrer Magerwiese, denn nur darauf kann sich die enorme Pflanzenvielfalt entwickeln. Heimische Wildkräuter wie Natternkopf, Nachtkerze und Weidenröschen fühlen sich hier wohl. Ackerkratzdistel, Hauhechel und 50 Wildrosenarten lieben diese natürliche Umgebung. All diese Pflanzen sind ein Paradies für Insekten. Es wimmelt von Zitronen- und Dickkopffaltern sowie Taubenschwänzchen. Hummeln und Bienen umschwirren die Blüten. Der Erhalt der einheimischen Wildpflanzen und der Schutz der für die Umwelt so wertvollen Insekten gehen hier Hand in Hand.

Gemäht wird hier höchstens zweimal im Jahr. Das Heu bleibt nicht liegen, sondern wird entfernt, denn sonst würde sich die Magerwiese allmählich wieder in eine artenarme Fettwiese zurückentwickeln. Es kommt aber in der Ertragszone als einziger natürlicher Dünger des Gemüses zum Einsatz.

Im Hortus Insectorum lebt Gastl nicht nur Naturschutz, sondern seine ganz eigene Philosophie. Pyramiden aus aufgeschichteten Natursteinen säumen einen gewundenen Pfad. Am Wegesrand liest man auf Schrifttafeln Texte über Gier und Neid, über Mut und Liebe. Sie bringen den Besucher zum Nachdenken über das Allzumenschliche und die Gesellschaft, in der wir leben.

Der Hortus Insectorum findet heute immer mehr Gleichgesinnte, die ihren heimischen Garten mit viel Mut und Liebe zu einheimischen Pflanzen und Insekten zu einem artenreichen Lebensraum nach dem Vorbild in Beyerberg umgestalten.

Ausflugstipp

Im November 2012 hat Markus Gastl als neues Projekt den Hortus Felix am Stadtrand von Herrieden begonnen. Auf 2800 Quadratmeter entsteht ein großer Permakulturgarten, der auch Honigbienen beherbergt und der zu manchen Terminen auch mit dem Hortus Insectorum zusammen besichtigt werden kann.

Kräutertipp

Hauswurz

(Sempervivum tectorum)

»Es gibt kein Weh und kein Ach, wenn die Wurz ist auf dem Dach.« Nach diesem alten Volksglauben schützt die Haus-wurz, aufs Dach gepflanzt, Haus und Hof vor Blitzschlag und Brand. Schon der Gattungsname des Dickblattgewäch-ses besagt einiges: Er setzt sich aus semper (immer) und vi-vus (lebend) zusammen. Und in der Bezeichnung der Art, also tectorum, steckt das lateinische Wort für Dach. Eine Pflanze als Blitzableiter? Da ist durchaus etwas dran, denn ein begrüntes Dach verfügt über eine besondere Grund-feuchtigkeit und gerät demnach nicht so leicht in Brand. Die Sukkulente bildet dicke Polster, und als »Immerlebende« ist sie leicht zu pflegen.

In modernen Steingärten fühlt sich die Hauswurz genauso wohl wie auf histo-rischen Hofeinfahrten aus Sandstein.

Hortus Insectorum
Schreinergasse 10
91725 Beyerberg
Tel. +49 157 73209935
www.hortus-insectorum.de
Öffnungszeiten: nur mit Führung
Größe: 7000 Quadratmeter

Parkmöglichkeit im Ort
Eintritt: 5 Euro
Keine Gastronomie
Nicht barrierefrei
Führungen: Genaue Termine
im Internet.

Ein Garten wie aus dem Bilderbuch

Auf der Willibaldsburg ist ein weltberühmtes Pflanzenbuch lebendig geworden, der »Hortus Eystettensis«. Sowohl das Kupferstichwerk als auch der botanische Garten tragen diesen Namen. Beide sind der Sammelleidenschaft des Eichstätter Fürstbischofs Johann Conrad von Gemmingen (1561–1612) zu verdanken. Zur Zeit der Renaissance war unter Fürsten die Sammelleidenschaft exotischer und kostbarer Dinge zur Repräsentation ihrer Macht weit verbreitet. Auch seltene Pflanzen zählten zu den Objekten der Begierde.

1597 ließ der Eichstätter Fürstbischof durch die Nürnberger Botaniker Joachim Camerarius (1534–1598) und Basilius Besler (1561–1629) einen Lustgarten unterhalb seines Schlosses anlegen und Gewächse der vier damals bekannten Kontinente anpflanzen. Auch heute ganz alltägliche Nutzpflanzen wie Kartoffel, Sonnenblume oder Tomate – seinerzeit Liebes- oder Paradiesapfel genannt – fanden damals als Raritäten Eingang in höfische Zierpflanzengärten. Portugiesische und spanische Seeleute hatten diese Pflanzen erst im 16. Jahrhundert aus Amerika eingeführt.

Ein Prachtband mit Pflanzendarstellungen sollte das Ganze dokumentieren. Dazu erhielt im Jahr 1600 Basilius Besler den Auftrag. Er sorgte dafür, dass die Pflanzen nach Nürnberg gebracht wurden, verpflichtete Künstler für die Anfertigung der Kupferstiche und überwachte den Druck. 13 Jahre später erschien die erste Auflage der Pflanzenenzyklopädie. Es gab zwei unterschiedliche Ausgaben: Die kostbare, in kleiner Stückzahl hergestellte Version mit kolorierten Stichen war vom Fürstbischof als Präsent gedacht, für ein breiteres Publikum hatte man eine günstigere Ausgabe mit etwa 300 Exemplaren produziert.

Ein Prachtgarten ist der »Hortus Eystettensis«, der hervorragend veranschaulicht, wie man sich die Gartenkultur der Renaissance vorstellen darf und welche Pflanzen vor 400 Jahren auf der Willibaldsburg gesammelt wurden (oben und linke Seite).

Das Werk war nicht nur extrem kostspielig und stattlich in seinem Format und Gewicht von 14 Kilogramm, sondern auch in seiner Bedeutung: Nicolas Barker, ehemals Bibliothekar an der British Library in London, nennt den Hortus Eystettensis in einer Studie von 1994 »the greatest botanical picture book ever created«.

Auf 367 großformatigen Tafeln sind 1084 Abbildungen zu sehen, je nach Ausgabevariante mit oder ohne zugehörigen beschreibenden Text. Die fein gearbeiteten Kupferstiche ermöglichen eine genaue Bestimmung der verschiedenen Arten. Sie zeigen sie, wenn vom Format her möglich, in ihrer natürlichen Größe und geordnet nach ihrer Blütezeit. 349 davon kamen in Deutschland vor, 209 in Süd- und Südosteuropa, 63 in Asien, 23 in Amerika und neun in Afrika.

So wie der Prachtband bis auf einige wenige Exemplare verloren ging, so verschwand auch im 18. Jahrhundert der botanische Garten Johann Conrad von Gemmingens von der Landkarte.

Nur das Druckwerk, das seit 2006 als Faksimile auch im Internet wieder zu bestaunen ist, konnte noch Auskunft über die Pflanzenwelt des einstigen Gartens geben. Unter der Regie der Schloss- und Gartenverwaltung Ansbach wurde der neue Bastionsgarten mit vielen der ursprünglichen Pflanzenarten angelegt, der seit 1998 Besuchern offen steht.

Schaut man oben durch eine Fensteröffnung in der Mauer, kann man den Garten in seiner gesamten Pracht überblicken. Die geometrische Anlage breitet sich vor dem Betrachter aus und lenkt den Blick auf die Stadt Eichstätt. Bei gleißendem Sonnenlicht fühlt man sich in einen toskanischen Garten versetzt. Kegelförmige Lorbeerbäumchen und kugelige Hochstämmchen in den Beeten zaubern südliches Flair. Wie in dem Buch sind die Pflanzen nach ihrer Blütezeit gruppiert. 42 rechteckige, hervorragend gepflegte Beete, von Buchs umrandet, reihen sich um einen plätschernden Spring-

Die von Buchsbaum gefassten und dicht besetzten Beete versammeln eine enorme Fülle der unterschiedlichsten Pflanzen aus aller Welt.

brunnen. Mit Kies bestreute Wege und die fast weiß leuchtenden Burg-mauern bilden eine herrliche Kulisse für das üppige Grün. Hier lässt es sich vortrefflich lustwandeln – fast wie zu Johann Conrad von Gemmin-gens Zeiten ...

Die langen, schmalen Beete quellen fast über vor Pflanzen. Spannend ist das Nebeneinander von einheimischen und exotischen Gewächsen. Man findet bekannte Heil- und Arzneipflanzen zu Fuß seltener Gehölze wie des Granatapfelbaums und einheimische Wildkräuter zwischen exo-tischen Blütenpflanzen. Hohe und niedrige Gewächse prägen die ab-wechslungsreiche Gestaltung. Viele Pflanzen werden in großen Holzkü-beln kultiviert, überraschenderweise nicht nur Zitrusgewächse, sondern auch heimischer Blutweiderich und Echter Bärenklau. Alles ist sehr gut

Der Blütenstand des Gemeinen Weiderichs, auch Blutweiderich genannt, setzt sich aus unzähligen kleinen Blüten zusammen.

beschildert – immer mit dem botanischen Namen und dem im Hortus Eystettensis angegebenen. Zum Beispiel »Igelskolben« für den giftigen Stechapfel (Datura stramonium), »rothe Feld-Röselein« für das Sommer-Adonisröschen (Adonis aestivalis) oder »römisch Schweinbrot«, das sich nur dank des botanischen Namens Cyclamen hederifolium als Alpenveilchen kenntlich macht. Die Ziffern auf den Schildern verweisen auf die Abbildung im historischen Druckwerk.

In den Gewächshäusern der Schlossverwaltung wird der Pflanzennachwuchs selbst gezogen. Die Besucher des Gartens werden deshalb gebeten, keine Samen zu ernten, denn sie werden zur Weiterkultivierung gebraucht.

Ausflugstipp

Das Jura-Museum auf der Willibaldsburg beherbergt ein Original des Urvogels Archaeopteryx und andere außergewöhnliche Versteinerungen.

Die Stadt Eichstätt selbst ist ein kleines, barockes Juwel. Das im Krieg nahezu unversehrte Zentrum lädt mit authentischen Straßen und Gassen und gut erhaltenen Gebäuden wie der fürstbischöflichen Residenz, den Domherrnhöfen und Dutzenden von Kirchen und Klöstern zum Spaziergang ein. Der Hauptort des Altmühltals zieht auch Wanderer, Radfahrer und Paddler an.

Wer von Pflanzen nicht genug bekommen kann, dem seien noch der Biotopgarten und der Garten der Sinne im ehemaligen Kloster Notre Dame du Sacré Coeur in der Stadtmitte empfohlen. Hier wird wildes Grün an seinem natürlichen Standort gezeigt, wie zum Beispiel das auf sumpfigen Wiesen gedeihende Mädesüß.

Kräutertipp

Blutweiderich
(Lythrum salicaria)

Wer die hochgewachsene, schöne Pflanze am Ufer eines Weihers oder auf einer feuchten Wiese neben Mädesüß entdeckt, könnte meinen, ein Ziergewächs hätte sich in die Wildnis verirrt. Doch der Blutweiderich ist eine Wildpflanze, die durch ihren pinkfarbenen Blütenstand auffällt. Natürlich lässt sie sich auch im Garten am entsprechenden Standort kultivieren und dient dort als Blickfang.

Die leuchtenden Blüten lassen sich als essbare Dekoration, zum Beispiel auf Süßspeisen, verwenden. Man kann sie auch mit Zucker im Mörser vermahlen und hat dann einen bunt gefärbten Streuzucker. Auch die jungen Sprosse und Blätter sind essbar. Blutweiderich ist reich an Gerbstoffen, die blutstillend wirken, doch wurde er in der Heilkunde hiefür kaum genutzt. Allerdings machte man sich im 16. Jahrhundert diese Pflanzenstoffe zunutze, um Leder zu gerben oder Seile und Holz zu imprägnieren und sie damit gegen Fäulnis im Wasser zu schützen.

Der Blutweiderich überragt viele Wiesenkräuter um Längen und ist schon von weitem an seinem prächtigen Blütenstand zu erkennen.

Bastionsgarten
Burgstraße 19
85072 Eichstätt, OT Willibaldsburg
Tel. +49 8421 4730
www.eichstaett.de
www.ku.de/bibliothek
(hier findet man eines der besterhaltenen Exemplare des kolorierten Erstdrucks in digitalisierter Form)
Öffnungszeiten: Dienstag bis Sonntag und an Feiertagen 9–18 Uhr, von Palmsonntag bis Mitte Oktober

Größe: 2500 Quadratmeter
Parkmöglichkeit in der Burg
Eintritt frei
Gastronomie in der Burg
Bedingt barrierefrei
Führungen: Die Tourist Information bietet für Einzelreisende jeden 2. und 4. Sonntag in den Monaten Mai bis Oktober ab 15.30 Uhr eine einstündige Führung im Bastionsgarten an.

Immer der Nase nach

Das denken sicher auch die Bienen und Hummeln, von denen es im Aromagarten nur so wimmelt. Dazu duftet es intensiv nach Lavendel, Thymian, Salbei und anderen aromatischen Kräutern. Das ist die »Spezialität« des Aromagartens in Erlangen, dessen Konzept das Geruchserlebnis in den Mittelpunkt stellt.

Für eine besonders intensive Entfaltung der Düfte setzt der Garten auf die großflächige Anpflanzung von etwa 120 heimischen und exotischen Arten, die mit ihrem hohen Gehalt an ätherischen Ölen der Nase besonders schmeicheln. In den Sommermonaten verwandelt er sich in ein Meer aus dichten Kräuterbüscheln, die ihre Aromen in verschwenderischer Fülle verströmen. Und das Auge meint, ein impressionistischer Künstler habe den Pinsel geschwungen und die Blüten in Lila, Gelb und Rosa mit leichter Hand hingetupft. Majestätische Königskerzen und Rosensträucher ragen dazwischen auf und gliedern die Fläche. Das ganze Ambiente wirkt mediterran – der Besucher fühlt sich beinahe wie in Südfrankreich. Verschlungene Pfade, ein romantisch im Gebüsch verborgener Brunnen und ein kleiner Teich laden zum Bummeln und Verweilen ein.

Als der Aromagarten der Friedrich-Alexander-Universität Erlangen-Nürnberg nach zweijähriger Bauzeit 1981 eröffnet wurde, war er der erste seiner Art in Deutschland, der ganz nach besonderen Düften und Geschmacksrichtungen angelegt wurde. Die Gestaltung hatte zunächst rein wissenschaftliche Ziele – er diente als Experimentier- und Anbaufläche für das Institut für Botanik und Pharmazeutische Biologie. Die Aromapflanzen konnten von Studenten und Forschern hier genau unter die Lupe genommen und untersucht werden. Die charakteristischen Aromastoffe kommen in ganz unterschiedlicher Form in den Kräutern vor: als ätherisches Öl in Salbei, Kamille und Lavendel, als Senföle stecken sie in

Der Aromagarten bietet betörende Dufterlebnisse. Die Kräuter in diesem Garten sind besonders reich an ätherischen Ölen (oben und linke Seite).

Gelbe Färberkamille, rosa-rote Kartäusernelke und blaue Ochsenzunge fühlen sich am sonnig-warmen und trockenen Standort wohl (ganz oben).
Auf verschlungenen Kies-pfaden (darunter) lassen sich die Aromapflanzen erkunden, die rechts und links des Weges dichte Büschel bilden.

Kreuzblütlern wie Rettich, Senf und Kren, als Bitterstoffe sind sie zum Beispiel in Wermut und Schafgarbe oder als Scharfstoffe in Paprika und Kalmus zu finden.

Es darf aber im Aromagarten nicht nur geforscht und geschnuppert, sondern auch genascht werden. Ein grünes Blättchen Salbei oder ein zartes Blütenblatt der pinkfarbenen Kartoffelrosen zu kosten, ist durchaus erlaubt. Infotafeln zu einzelnen Pflanzen berichten Wissenswertes über ihre Inhaltsstoffe und auch, welche Pflanzenteile wofür verwendet werden können. Sie geben Auskunft über die Nutzung der Kräuter als Arznei- und Würzmittel sowie in der Kosmetikherstellung. Ihre ganz speziellen Aromen sind oft überraschend: So riecht zum Beispiel die Wurzel des kräftigen Alant zuerst nach Bananen und später nach Veilchen. Damit kann sie zum Aromatisieren von Likör verwendet werden. An ein anderes Getränk erinnert die Eberraute, die ebenfalls im Aromagarten üppig wächst. Sie riecht nach – Cola. Und die indische Basilikumart Tulsi wird gerne für aromatischen Tee verwendet. Von Mai bis September finden öffentliche Führungen statt, bei denen all das ausprobiert werden kann. Und jährlich im Juni bietet das Aromagartenfest spezielle Führungen mit aromatischem Imbiss an.

Übrigens: Der Aromagarten liegt nur 15 Minuten Fußweg vom Botanischen Garten (siehe Botanischer Garten in Erlangen, Seite 83 ff.) entfernt, dessen Besuch sich ebenfalls lohnt.

Ausflugstipp

Wenn die Franken von »ihrem« Berg sprechen, meinen sie das »Walberla«. So wird im Volksmund der markante Tafelberg Ehrenbürg genannt, keine 30 Kilometer nördlich der Stadt. Der Trockenrasen auf dem Bergrücken und dort wachsende seltene Pflanzen sorgten dafür, dass das Walberla unter Naturschutz gestellt wurde. Das Walberla gilt als Tor zur Fränkischen Schweiz. Von oben schweift der Blick ins Regnitz-, Ehrenbach- und

Wiesenttal und reicht bis nach Bamberg und Erlangen. Ausflugsziele gibt es rund um den Berg in Hülle und Fülle: 35 Museen und ebenso viele Burgen, fast 1000 Höhlen, zwei Freizeit- und fünf Wildparks, eine romantische Dampfeisenbahn und herrlich geschmückte Osterbrunnen. Hunderte von Brauereien und Schnapsbrennereien lassen sich erwandern. Besonders schön ist das Gebiet ums Walberla zur Kirschblütenzeit, wenn die riesigen Kirschgärten die Fränkische Schweiz in ein Meer aus duftigen Blütenblättern tauchen.

Kräutertipp

Echter Lavendel
(Lavandula angustifolia)

In der Aromatherapie wird der Lavendel eingesetzt, um die Nerven zu entspannen. Sein beruhigender Duft hilft nicht nur Erwachsenen bei Einschlafstörungen, sondern auch Babys und Kleinkindern. Ihnen kann man ein kleines Sträußchen Lavendel in die Wiege hängen. Ein abendliches Bad mit dem ätherischen Öl oder eine Tasse Lavendeltee vor dem Schlafengehen unterstützen den nächtlichen Schlummer. Als Einreibung lindert Lavendelöl auch Nerven- und Kopfschmerzen, und es ist ein gutes Mittel, das bei Verbrennungen Brandblasen verhindert bzw. die Heilung beschleunigt.

Der Lavendel ist in der Aromatherapie, der Pflanzenheilkunde und, nicht zu vergessen, in der Küche außerordentlich beliebt.

Aromagarten Erlangen
Palmsanlage
91054 Erlangen
Tel. +49 9131 8522969
www.botanischer-garten.uni-erlangen.de
Öffnungszeiten:
April bis Oktober täglich 7–19 Uhr
Größe: 8900 Quadratmeter

Parkmöglichkeit: Das Parkhaus der Uniklinik liegt gegenüber dem Eingang zum Aromagarten.
Eintritt frei
Keine Gastronomie
Barrierefrei
Führungen siehe Internet

Spannendes aus dem Reich der Pflanzen

Mitten im Stadtzentrum der Elektronik-und Medizin-Metropole, an einem Seitenweg des Schlossgartens, tut sich hinter einem schmiede-eisernen Tor eine zauberhafte Oase auf. Etwas verwunschen wirkt die-ser Ort, an den sich Städter gerne zurückziehen. Natürlich bietet der Botanische Garten Interessierten informative Einblicke in die Welt der Pflanzen, die lehrreichen Beete und Abteilungen sind jedoch in viel wildes Grün eingebettet.

Schon im Frühling sprießt es auch abseits der Anlagen und Gewächshäuser. Über das abwechslungsreiche, knapp zwei Hektar große Gelände mit schön gestalteten kleinen Land-schaften lässt sich herrlich spazieren. Alpinum, Sandgrasheide und eine Teichlandschaft geben gute Einblicke in sehr spezi-elle Pflanzenlebensräume. Ein besonderer Augenschmaus ist der Garten im asiatischen Stil. Alle Bereiche gehen fließend und natürlich ineinander über.

    Der Botanische Garten ist eine Einrichtung der Friedrich-Alexander-Universität Erlangen-Nürnberg, die Demonstrati-ons- und Arbeitsmaterial für verschiedene Institute liefert und Studierenden als Lehrobjekt dient. Wer als interessierter Laie tiefer ins Thema Pflanzenbiologie einsteigen möchte, findet hier jede Menge Wissens- und Staunenswertes. In der ökologisch-morpholo-gischen Abteilung lässt sich zum Beispiel erkunden, wie sich Pflanzen durch ihre Gestalt der Umwelt anpassen. Der Wilde Lattich, auch Stachel-salat genannt, und die Gold-Schafgarbe erreichen dies durch Senkrecht-stellen und Ausrichten ihrer Blätter in Nord-Süd-Richtung, sodass die Sonneneinstrahlung nur die schmalen Kanten trifft. Andere Pflanzen wie der Rosmarin und das Heiligenkraut schützen sich durch möglichst

Das Alpinum zeigt Pflanzen der hochalpinen Regionen; die Gewächshäuser präsen-tieren die Flora des tropi-schen Regenwaldes (oben). Der Fernöstliche Garten ent-faltet besonders im Frühjahr seine zarte Blütenpracht (linke Seite).

Im Gewürzgarten (ganz oben) findet man nicht nur die bekannten Küchenkräuter, sondern auch außergewöhnliche Arten wie den Knollenkümmel. Im trockenen und sonnigen Steingarten (darunter) fühlen sich auch Königskerzen, Zierlauch und Glockenblumen wohl. Der Arzneipflanzengarten ist ein aufgelockerter, landschaftlich gestalteter Bereich, dessen Beete nach verschiedenen Pflanzeninhaltsstoffen angelegt sind (rechte Seite).

kleine Blätter vor zu viel Sonne und damit Verdunstung. Manche Gewächse tun dies durch eine silbrige Behaarung, die wie beim Edelweiß das Sonnenlicht reflektiert.

Interessant ist auch der Einstieg in die Pflanzensystematik, die verschiedene Pflanzenfamilien wie Lippen-, Rachen- oder Korbblütler und ihre Verwandtschaft erklärt. Dabei geht es dann auch um die Art der Verbreitung und darum, wie sich Pflanzen in ihrer äußeren Form an bestimmte Tiere oder auch den Wind angepasst haben. Rachenblütler, wie der Fingerhut, setzen durch weit geöffnete, glockenförmige Blüten hauptsächlich auf Hummeln. Der Odermennig mit seinen hakigen Samen lässt sich durch Tiere mit Fell transportieren.

Phytotherapie, das heißt Pflanzenheilkunde, interessiert heute viele Menschen, die bei gesundheitlichen Beschwerden lieber auf sanfte Kräutermedizin statt Pharmazeutika setzen. Ihr Ziel ist der Arzneigarten mit seinen Heil-, Gewürz- und Duftkräutern. Die Beete sind nach den Hauptinhaltsstoffen wie ätherischen Ölen, Bitterstoffen, Senfölen, Gerbstoffen und Alkaloiden in Gruppen zusammengefasst. Die verdauungsfördernden Bitterstoffe halten u. a. Löwenzahn, Andorn und Herzgespann bereit. Viele Saponine bieten das Gewöhnliche Stiefmütterchen und die Schlüsselblume, die vor allem bei Husten wirksam sind. Gefährlich werden können Pflanzen mit Herzglycosiden wie Fingerhut, Maiglöckchen und Christrose. Ein Beet ist auch den Pflanzen gewidmet, die die Haut besonders lichtempfindlich machen, darunter auch der extra eingezäunte Riesenbärenklau, bekannt als Herkulesstaude. Alles in diesem Garten ist sehr gut beschildert, und man kann genau nachlesen, welche Inhaltsstoffe und welche Drogen (also Kraut, Blüten, Blätter oder Wurzel) wofür verwendet werden.

Den Gewürzpflanzen ist ein eigener Garten gewidmet. Hier findet man alles, was man an Kräutern zum Kochen nutzen kann: Oregano, Borretsch, Brunnenkresse und vieles mehr.

Der Duft des Maiglöckchens betört als Parfüm, doch die Pflanze enthält hoch giftige Herzglykoside.

Da die Botanik früher als Hilfswissenschaft der Medizin galt, richteten die Universitäten bereits im 17. Jahrhundert medizinisch-akademische Gärten (»Horti Medici«) ein. Sie bildeten die Grundlage der Drogenkunde, die die Pflanzeninhaltsstoffe analysiert. Und so reicht die Geschichte des Botanischen Gartens Erlangen, wenn man so will, bis ins Jahr 1626 zurück. Damals wurde in Altdorf ein solcher »Hortus Medicus« für die neu gegründete Universität der Stadt Nürnberg eingerichtet (siehe Doktorsgärtlein in Altdorf, Seite 19 ff.). Nach dessen Auflösung kamen einige Pflanzen in den Vorgänger des Botanischen Gartens nach Erlangen. Die heutige Anlage an der Nordseite des Schlossparks wurde allerdings erst 1828 angelegt.

Übrigens: Wer den Botanischen Garten besucht, sollte auch einem ungewöhnlichen Baudenkmal, der Neischl-Höhle, einen Besuch abstatten. 1907 vermachte der Geologe Major Adalbert Neischl dem Garten die naturgetreue Nachbildung einer Tropfsteinhöhle. Sie ist von April bis September jeweils sonntags von 14 bis 16 Uhr zugänglich.

Ausflugstipp

Einer ganz besonderen Pflanze und ihrem »Saft« wird hier jedes Jahr zu Pfingsten gehuldigt: Es ist der Hopfen in flüssiger Form. Dann nämlich ruft »der Berch« oder die fünfte Jahreszeit, wie es hier so schön heißt. Mit seiner Bergkirchweih feiert Erlangen eines der ältesten Volksfeste in Deutschland und wird zwölf Tage lang zur »Bierstadt«. Das Fest am Erlanger Burgberg zieht jährlich rund eine Million Besucher an. Das Gelände versprüht einen besonderen Charme: Kühles Bier sowie regionale und internationale Spezialitäten können auf Bierkellern unter alten, mit Lampions geschmückten Kastanienbäumen genossen werden. Dazu locken Spielbuden und Fahrgeschäfte.

Kräutertipp

Echte Schlüsselblume
(Primula veris)

Die Frühlingsbotin gehört zu den besonders geschützten Pflanzen. Ihren Namen verdankt sie der Ähnlichkeit ihres Blütenstandes mit einem Schlüsselbund. Gerne wird sie auch Himmelsschlüssel genannt, weil sie als himmelsöffnendes Frühlingskraut gilt. Wissenschaftlich erwiesen ist ihre Heilwirkung bei Erkrankungen der Atemwege. Ihre Hauptwirkstoffe sind Saponine, die vor allem in der Wurzel, aber auch in der Blüte enthalten sind und auswurffördernd wirken. Ein Tee aus gepulverter Schlüsselblumenwurzel (ein halbes Gramm auf 250 Milliliter Wasser kalt ansetzen, aufkochen lassen und nach fünf Minuten abseihen) kann bei Erkältung helfen.

Zu den ersten Frühlingskräutern gehört die Echte Schlüsselblume, die an ihren goldgelben Blüten mit orangefarbenen Saftmalen zu erkennen ist.

Botanischer Garten Erlangen

Loschgestraße 1–3
91054 Erlangen
Der Garten hat drei Eingänge: am Ende der Wasserturmstraße; in der Loschgestraße westlich neben der Kinderklinik; an der Nordseite des Schlossgartens.
Tel. +49 9131 8522969
www.botanischer-garten.uni-erlangen.de
Öffnungszeiten: Freiland täglich September bis Mai 8–16 Uhr;
Juni bis August 8–17.30 Uhr; Gewächshäuser Dienstag, Sonn- und Feiertage 9.30–15.30 Uhr
Größe: 2 Hektar
Parkmöglichkeit: Theaterplatz oder Großparkplatz (beide kostenpflichtig)
Eintritt frei
Gastronomie: diverse Cafes am Schloss
Barrierefrei
Führungen siehe Internet

Das grüne Schatzkästlein im Herzen der Stadt

Selbst eingefleischte Fürther kennen oft den Schulgarten nicht. Dabei ist er mit seiner Mischung aus Gewürzen, Kräutern, Gemüse, Giftpflanzen, Zierpflanzen, Bäumen und Sträuchern ein grünes Schatzkästlein mitten im beliebten Stadtpark.

Vorbei am Fontänenhof mit seinen Wasserspielen und gepflegten Blumenrabatten und mitten durch eine herrlich duftende Lindenallee gelangt der Besucher an einen der schönsten Plätze Fürths. Die Gartentür ist immer geöffnet.

Zunächst trifft man auf eine Kräuterspirale mit den bekanntesten Gewürz- und Küchenkräutern. Wilde Rauke, Pimpinelle und Fenchel gesellen sich dazu. Eine kleine Handvoll für den täglichen Genuss dürfen die Besucher gerne mit nach Hause nehmen. Gleich daneben werden verschiedene Gemüsesorten kultiviert – bestens gepflegt von den Gärtnern des Grünflächenamtes, das gleich hinter dem Schulgarten liegt.

In der Vielfalt liegt die Attraktivität des Schulgartens. Seine Mitte markiert ein rundes Bassin mit wunderschönen Seerosen, das man über einen schattigen Laubengang erreicht. Um diesen Punkt ordnen sich die Beete an. Es gibt hier viele typische Wildkräuter, die man vom Weges- oder Wiesenrand her kennt, u. a. das mandelähnlich duftendes Mädesüß und die himmelblau blühende Wegwarte. Ein kleiner wilder Wiesenabschnitt präsentiert die »ungeordnete« Natur, wie wir ihr normalerweise begegnen. Dort tummeln sich Großer Wiesenknopf, Schlangenknöterich, Spitzwegerich und Labkraut.

Besonders gelungen ist die Präsentation der Wasserpflanzen. Hier findet man in mehreren Becken die wunderschön blühende Sumpf-Schwertlilie, den herrlichen Blutweiderich, den Kalmus mit seinen unscheinba-

Eine Kräuterspirale gleich hinter der Pforte hält Würziges für den Einsatz in der Küche bereit (oben).
Ein dicht bewachsener Laubengang teilt den Schulgarten in verschiedene Bereiche. Er führt direkt zum zentralen Wasserbassin (linke Seite).

*Neben Kräutern wie Wein-
raute und Echtem Alant
gedeihen im Schulgarten
auch verschiedene Getreide-
sorten, die man hier gut
miteinander vergleichen
kann (ganz oben).
Die himmelblauen Blüten
der Wegwarte (darunter)
sind, ebenso wie ihre Blätter,
essbar. Aus ihrer Wurzel
lässt sich Kaffee bereiten.*

ren Blüten und den Fieberklee, in der Volksmedizin bekannt durch seine fiebersenkende Wirkung.

Wer neugierig auf Giftpflanzen ist, wird im Schulgarten fündig: Um den giftigen Strauch des Pfaffenhütchens herum gruppieren sich Eisenhut, Fingerhut, etliche Wolfsmilchgewächse, Aronstab, Weiße Schwalbenwurz und Maiglöckchen. Auch den Färbepflanzen – sie hat man früher tatsächlich zum Färben verwendet – wie Färber-Kamille, Färber-Röte und Färber-Meister ist eine kleine Abteilung gewidmet.

Der Schulgarten war bereits in den 1920er Jahren angelegt worden. 1951 ließ ihn der Stadtgartendirektor Hans Schiller im Zuge der Gartenschau »Grünen und Blühen« neu gestalten. Zwei Figuren, ein lesender Junge und das Gieß-Mädle sind Relikte aus dieser Zeit.

Ausflugstipp

Der Stadtpark ist beliebt bei Einheimischen und Besuchern von Fürth. Er ist eine erholsame Oase mitten in der Stadt, ganz so, wie es der Gestalter Hans Schiller bei seiner Planung zur Landesgartenschau 1951 im Sinn hatte. Hier gibt es auch einen Baumlehrpfad, der sich durch den gesamten Stadtpark zieht. Im Internet www.fuerth.de, Schnellsuche: Baumlehrpfad, kann man sich vorab informieren und anschließend auf Entdeckungsreise von rund 50 einheimischen und exotischen Baumarten gehen.

Auf 2400 Quadratmetern entfaltet sich auch ein zauberhafter Rosengarten. Hier kann man sich im Sommer unter schattigen Lauben niederlassen und Duft und Blüten der traumhaften Rosen genießen. Kleine Besucher freuen sich über einen Spielplatz mit künstlich angelegtem Wasserlauf. Das nahe Stadtparkcafé – unter Denkmalschutz stehende ehemalige Milchgaststätte aus den 1950er Jahren – bietet Erfrischungen an.

Wer mit Kindern unterwegs ist, liegt mit einem Besuch des Playmobil Funparks im nur sieben Kilometer entfernten Zirndorf bestimmt richtig.

Kräutertipp

Kalmus
(Acorus calamus)

Die schwertförmigen Blätter des Kalmus erinnern an Iris. Sein Blütenstand ist unscheinbar und hat die Form eines abstehenden Kolbens. Aufgrund dieser Gestalt wurden der Wurzel des Kalmus aphrodisierende Eigenschaften zugeschrieben. Keine andere Pflanze lässt sich in ihrer Verwendung als Heilpflanze so weit zurückverfolgen. Er war schon den Ägyptern bekannt, und auch die Bibel erwähnt ihn. Als Bittermittel fand seine Wurzel Eingang in die Volksheilkunde zur Bekämpfung von Appetitlosigkeit, Völlegefühl und Gastritis. Auch eine kräftigende und stimmungsaufhellende Wirkung wird ihr nachgesagt, und so soll Kalmus eine Zutat in der geheim gehaltenen Rezeptur von Coca-Cola sein. Das Rhizom wird auch kandiert als Süßigkeit gegessen. Allerdings enthalten die meisten Arten einen giftigen Wirkstoff, der als krebserregend gilt. Deshalb sollte nur der nordamerikanische Kalmus verwendet werden.

Beim Kalmus muss man schon ganz genau hinsehen, um die kolbenförmige gelb-braune Blüte zwischen den Blättern zu erkennen.

Schulgarten im Stadtpark

(zu Fuß erreichbar vom Eingang Engelhardtstraße über Hauptallee oder Eingang Sommerstraße bis Hauptallee und dann nach rechts)
90762 Fürth
Tel. +49 911 9742872
(Grünflächenamt)
www.fuerth.de

Öffnungszeiten: durchgehend
Größe: 3600 Quadratmeter
Parkmöglichkeit an der Nürnberger Straße
Eintritt frei
Gastronomie: Stadtparkcafé
Barrierefrei
Keine Führungen

Feuer-Lilie (Lilium bulbiferum)

In Bayern sind die Wildbestände der Feuer-Lilie rückläufig, weswegen sie als gefährdet eingestuft und gesetzlich geschützt ist. Als Wärme liebende Art kommt sie bei uns bevorzugt entlang der Föhnkanäle vor. In den oberen Blattachseln der Feuer-Lilie entwickeln sich kugelige Brutzwiebelchen, wodurch diese Lilienart über eine effiziente Art der ungeschlechtlichen Vermehrung verfügt!

Crassulaceae
Jovibarba
hirta Opiz
Kugel-Hauswurz
Albanien und Karpaten bis ö. Alpen

Telekia
speciosissima sc
Prächtige Alpen-
Innerotische Alpen

Grüne Gipfelstürmer aus aller Herren Länder

König Ludwig II. hatte es gut, ließ er sich doch einfach mit der Kutsche oder dem Schlitten bequem auf den Schachen chauffieren. Als Rückzugsort hatte er sich dort oben auf dem Berg ein »Schlösschen« erbauen lassen. Wer heute auf den Aussichtspunkt im Wettersteingebirge gelangen möchte, muss das schon zu Fuß tun. Und so bleibt der beschwerliche Aufstieg auch dem Besucher des Alpengartens nicht erspart. Seit 1901 liegt er direkt unterhalb dieses königlichen Chalets auf einer Höhe von 1860 Metern.

So hoch liegt kein anderer botanischer oder Kräutergarten zumindest in Deutschland. (In anderen europäischen Ländern gibt es etwa ein Dutzend, die noch höher angesiedelt sind.) Zudem gehört er zu den ältesten seiner Art. Seit mehr als 100 Jahren betreut der Botanische Garten München-Nymphenburg diese Außenstation im Wettersteinmassiv. Eines der beiden großen Täler im Herzen des Gebirges ist das Reintal, an dessen Südflanke der Alpengarten liegt. Die am häufigsten genutzte Aufstiegsroute führt von Schloss Elmau aus über den Königsweg, den Ludwig II. eigens anlegen ließ. Ein anderer, landschaftlich reizvoller Aufstieg führt durch die Partnachklamm über den Kälbersteig hinauf zum Schachen. Hat man nach der mehrstündigen Wanderung erst einmal die 800 Höhenmeter überwunden, wird man reich belohnt. Der Alpengarten auf dem Schachen ist einmalig in der deutschen Alpenregion – einmalig schön mit der Aussicht auf das herrliche Bergpanorama, einmalig schön aber auch in seiner Anlage als Gebirge im Miniaturformat. Das Klima ermöglicht die Kultur von über 1000 Pflanzenarten aus den verschiedensten Hochgebirgen. Die Vielfalt der Bergflora aus aller Welt ist faszinierend.

Das »Schachenschloss« zieht Wanderer und König-Ludwig-Fans an (oben). Der etwas unterhalb angelegte Alpengarten erfreut vor allem Bewunderer der Alpenflora aus aller Welt, die hier zusammengetragen wurde (linke Seite).

Der Alpengarten am Scha-chen ist eine Außenstelle des Botanischen Gartens Mün-chen und wird von Fach-leuten gepflegt. In einer Höhe von 1800 Metern ge-deihen hier neben einheimi-schen Wildpflanzen auch Gewächse, die sonst nur auf der Balkanhalbinsel und in Vorderasien zu finden sind (rechte Seite).
Die Zirbe allerdings, die sich auf dem Foto oben mit ihren starken Wurzeln an die alpinen Felsbrocken krallt, ist hier beheimatet. Sie ist eine sehr langsam wachsende Pflanze, die über 1000 Jahre alt werden kann.

Die Kräuter der Bayerischen Alpen bilden neben solchen der Karpaten, der Pyrenäen und der Arktis einen Schwerpunkt. Hier trifft man auf Weißen Germer, Eisenhutblättrigen Hahnenfuß und Gelben Eisenhut, alle drei giftig, aber auch auf den Wiesen und an den Wegen rund um den Berg zu finden. Mit dem Gelben Enzian schießt ein kräftiges Bitterkraut empor. Große Sterndolde und Alpen-Mannstreu entfalten ihre hübschen Blütenstände. Der ganze Garten scheint ein Gebirge auf kleinstem Raum zu sein. Felsbrocken erheben sich neben Hügeln, und zwischen steinigen Pfaden bilden sich »Felsinseln«. In den Mulden und Spalten der Steine formen niedrige Pflanzen wie Steinbrech flache Polster. Als holziges Gewächs sieht man die Zirbe oder Zirbelkiefer. Sie kommt in den Zentralalpen ab 1600 Metern Höhe vor, ist aber in Bayern selten. Am Schachen allerdings ist eines ihrer größten, zusam-menhängenden Vorkommen. Das Exemplar im Alpengarten ist an die 300 Jahre alt. Spannendes erfährt man auf den Infotafeln: Der Tannenhäher sorgt für die Verbreitung der Zirbe. Er sammelt die »Zir-bennüsse« und hortet sie in Felsspalten. Die nicht gefressenen Samen wachsen dort zu Bäumchen heran, die sich später mit ihren Wurzeln auf-fällig an diese Felsblöcke klammern.

Die Flora ist nach Regionen gruppiert. Stark vertreten sind neben den Alpen auch die Rocky Mountains in Nordamerika und die Himalaya-Region in Asien. Man staunt über Astern oder Schlüsselblumen aus dem Himalaya, über Großblütigen Ziest aus dem Kaukasus und dem Iran oder über Chremantodium aus den Gebirgen Chinas. Dabei erfährt man Er-staunliches: Das Gewächs ist das ökologische Gegenstück zu unserer heimischen Arnika. Es blüht leuchtend gelb wie kleine Sonnenblumen. Wer mehr über die gezeigten Kräuter erfahren will, kann einen ausführ-lichen Pflanzenführer erwerben.

Ein Hauptanliegen, das zur Gründung des Alpengartens führte, wa-ren wissenschaftliche Zwecke. Auch heute werden dort im Rahmen eines Forschungsprojekts die Auswirkungen des Klimawandels in den Alpen untersucht. Anhand phänologischer Beobachtungen machen sich Klima-

*Über den Gipfeln der umge-
benden Berge beherbergt
der Alpengarten Pflanzen
aus den unterschiedlichsten
Regionen der ganzen Welt,
hier die Abteilung »Westal-
pen« mit dem Gärtnerhaus.*

veränderungen insbesondere in den Gebirgslagen bemerkbar. Sie führen
zur zeitlichen Verschiebung pflanzlicher Lebensrhythmen wie Laubent-
faltung, Blühbeginn, Fruchtreife und Laubfall.

Ausflugstipp

Die Wanderung auf den Schachen ist an sich schon ein ganz besonderer
Ausflug. Wer sich die Mühe des Aufstiegs gemacht hat, sollte neben dem
Alpengarten unbedingt dem Schachenschloss einen Besuch abstatten
und an einer Führung teilnehmen. König Ludwig II. ließ es von 1869 bis
1872 erbauen und verbrachte dort etwa zehn bis zwölf Tage im Jahr, begleitet von einem Gefolge von bis zu 20 Bediensteten. Hinter der eher be-
scheidenen Holzverschalung im Stil eines »Schweizerhauses« verbirgt
sich – wie sollte es anders sein? – märchenhafter Prunk. Die Holzvertäfe-
lung im schlichten Erdgeschoss besteht aus einheimischem Zirbenholz.
Prächtig ausgestattet ist der »Türkische Saal«, der das gesamte Oberge-
schoss einnimmt. Im farbigen Licht bleiverglaster Fenster, eines tonnen-
schweren Leuchters und überspannt von einem schimmernden Sternen-
himmel an der Decke konnte der König in eine Fantasiewelt eintauchen.
Etwas unterhalb des königlichen Refugiums liegt das Schachenhaus. Das
alte Versorgungshaus ist heute eine Berggaststätte, in der Wanderer sich
zum Beispiel mit Zirbenschnaps stärken und übernachten können.

Kräutertipp

Gelber Enzian
(Gentiana lutea)

Wer bei Enzianschnaps an die blau blühende Gebirgspflanze denkt, liegt falsch. Es ist der gelbe Verwandte, aus dessen Wurzel und armdickem Rhizom der bekannte Schnaps hergestellt wird. Die unterirdischen Pflanzenteile sind besonders reich an Bitterstoffen und zählen zu den bittersten Substanzen, die es gibt. Das allerdings macht sie so wertvoll für die Verdauung. Als Zutat für Magenbitter und Aperitif leistet die Enzianwurzel gute Dienste. Auch als stärkendes Tonikum bei Müdigkeit, Blutarmut und Appetitmangel sowie in der Rekonvaleszenz ist sie hilfreich. In der Volksmedizin wird die Droge bei Fieber und Gicht angewendet.

Der Gelbe Enzian ist eine geschützte Pflanze. Sie wächst nur langsam und blüht erst mit zehn Jahren. Dabei kann sie ein Alter von 40 bis 60 Jahren erreichen. Wenn der Gelbe Enzian nicht blüht, ist er leicht mit dem giftigen Weißen Germer zu verwechseln. Die Blätter sehen sich täuschend ähnlich.

Der Gelbe Enzian ist nicht nur im Alpengarten zu finden, sondern überall auf den Wiesen in der Umgebung. Er darf nicht gepflückt oder ausgegraben werden.

Alpengarten auf dem Schachen

Berg Schachen
82467 Garmisch-Partenkirchen
Der Alpengarten Schachen liegt etwa 13 km südlich von Garmisch-Partenkirchen.
Tel. +49 89 17861316
(Botanischer Garten München, Verwaltung)
www.botmuc.de
Öffnungszeiten: Mitte Juni bis

Anfang September täglich von 8–17 Uhr
Größe: 1 Hektar
Parkmöglichkeit: Wanderparkplatz bei Schloss Elmau
Eintritt: 2,50 Euro
Gastronomie vorhanden
Nicht barrierefrei
Führung: Voranmeldung erforderlich

Wo der Kräuterpfarrer den »Pfaffengeist« erfand

Ländliche Natur so weit das Auge reicht und mittendrin eine kleine Kapelle in einem bäuerlichen Garten – so idyllisch liegt der Kräuterlehrgarten von Elbersroth. Der kleine Ort, versteckt im Tal der Wieseth, einem Nebenflüsschen der Altmühl, erinnert damit an den »Kräuterpfarrer« Ludwig Heumann.

Ludwig Heumann wurde 1869 in einem nahen Weiler geboren und wirkte von 1898 bis 1918 als Pfarrer in Elbersroth. Schon von Kindesbeinen an soll ihn die Kraft der Kräuter begeistert haben. Es ist überliefert, dass Heumann zunächst die Waschküche des Elbersrother Pfarrhauses zu seinem Labor umfunktionierte. Dort mixte er Säfte, trocknete Pflanzen und zerstieß sie zu Pulver und Tee. »Bremsenflucht« für Mensch und Tier, »Nervogastrol« und »Elbersrother Pfaffengeist« hießen seine Heilmittel auf pflanzlicher Basis. Deren rasch ansteigender Absatz ließ ihn schließlich 1913 sogar eine Firma, die Ludwig Heumann & Co. in Nürnberg, gründen. Noch heute bekommt man den »Heumann Husten- und Bronchialtee«

zu kaufen. Aus dem Erlös seiner Geschäfte finanzierte der Pfarrer den Neubau der Kirche in Elbersroth und der Filialkirche in Lattenbuch. Auch als Autor betätigte er sich und veröffentlichte 1915 u. a. »Heumanns neue Heilmethoden«.

Der Kräuterlehrgarten ist ein wahres Prachtstück, das 1980 eingeweiht wurde. Die Stadt Herrieden pflegt ihn liebevoll und entwickelt ihn seitdem mit jährlich wechselnden Schwerpunkten weiter. Er ist als typisch ländlicher dreiteiliger Garten konzipiert. Im Zentrum der gepflegten Anlage befindet sich der Kräuternutzgarten mit Heilkräutern, an den sich der Bauern- und Grasgarten mit Gemüsebeeten und einer kleinen

Unterhalb der kleinen Lourdes-Kapelle (linke Seite) liegt der Kräuterlehrgarten. Alle Gewächse sind beispielhaft beschriftet. So erfährt der Besucher über die Rote Zaunrübe, dass sie einst gegen Gicht sowie als Abführ- und Abtreibungsmittel verwendet wurde und heute nur noch in der Homöopathie eine Rolle spielt (oben).

Rasenfläche anschließt. Der Ziergarten erstreckt sich in den Randbereichen. Zur Lourdes-Kapelle auf dem Hügel hin ansteigend gedeihen die Reben eines kleinen Weinbergs.

Die Mitte der Anlage markiert ein alter Quittenbaum, der von einer Buchshecke umrundet wird. In Reih und Glied liegen die rechteckigen Beete, von denen jedes einer einzigen Kräuterart vorbehalten ist. Damit knüpft der Garten auch an die frühmittelalterliche Tradition der Klostergärten an. Die Heilkräuter sind nach verschiedenen Indikationen zusammengefasst. Im Bereich der Pflanzen zur Unterstützung der Atmungsorgane findet man u. a. Schlüsselblume, Wilde Malve und Echten Eibisch. Für Herz und Kreislauf werden Herzgespann, Roter Fingerhut und Weißdorn angebaut, Magen und Darm tun Beifuß, Wermut und Guter Heinrich gut. Letzterer war früher in jedem Dorf zu finden, heute dagegen ist er selten geworden. Alle Pflanzen sind sowohl mit ihrem deutschen als auch botanischen Namen und ihrer Pflanzenfamilie beschriftet. Die Infotafeln halten zusätzliche Informationen über die Verwendung bereit. Viele Pflanzen wurden früher zum Färben von Wolle, Stoff oder Leder verwendet. Im Kräuterlehrgarten sind Färberwaid (für Blau), Färberwau (für Gelb), Labkraut, Blutweiderich und Johanniskraut (alle für Rot) und Färberkamille sowie Rainfarn (für Goldorange) zu sehen. Ein Duftbeet hält Pflanzen mit besonderen ätherischen Ölen zum Schnuppern bereit. Interessant ist auch eine kleine Sammlung von Sorbus-Arten, also der Vogelbeere und ihrer Verwandten, sowie eine Reihe von Wildrosen.

Es gibt einen kleinen Rundweg durch den Garten. Ein paar Bänke laden zum Verweilen und Genießen der ländlichen Ruhe ein. Ein Aufstieg zur Lourdes-Kapelle lohnt sich. Sie wurde 1978 geweiht und steht auf demselben Platz wie ihr Vorgängerbau aus dem Jahr 1887 zu Pfarrer Heumanns Zeiten. Von dort oben kann der Blick über das Tal mit Streuobstbeständen, Hutungsflächen und einem Feuchtbiotop schweifen. Auf den Wiesen im Umkreis gibt es viele Wildkräuter zu entdecken und gegebenenfalls zu sammeln.

Diptam ist eine sehr attraktive Pflanze, die früher als Heilpflanze verwendet wurde (oben).
Die Beete und Wiesenflächen des Gartens gruppieren sich rund um einen alten, buchsgefassten Quittenbaum (linke Seite).

Jeder einzelnen Kräuterart ist jeweils ein ganzes Beet gewidmet. So werden hier nicht nur Gewürz- und Duft- pflanzen wie Rosmarin und Lavendel, sondern auch der wilde Löwenzahn kulti- viert. Der Hopfen klettert an einem Gerüst empor.

Ausflugstipp

Als Kontrastprogramm zu diesem verträumten und friedvollen ländlichen Garten lockt der barock gestaltete Hofgarten in Ansbach. Neben der prunkvollen Orangerie mit Zitronen- und Pomeranzenbäumchen sowie schattigen Lindensälen findet man dort auch den Fuchs-Garten (siehe Seite 27 ff.).

Wasserratten ist der 25 Kilometer entfernte Altmühlsee zu empfehlen. Der Stausee gehört zum Fränkischen Seenland und hat eine Fläche von 4,5 Quadratkilometern. Mit seinen zahlreichen Liegewiesen, Bade- und Sandstränden ist er ideal für einen sommerlichen Ausflug. Er zieht auch Segler und Surfer an. Aber auch Wanderer, Radfahrer und Vogel- liebhaber kommen bei einer Tour um den See auf ihre Kosten. Quer über den See verbindet das Ausflugsschiff »MS Altmühlsee« die verschiede- nen Freizeitzentren am Ufer.

Kräutertipp

Guter Heinrich
(Blitum bonus-henricus)

Unseren Großeltern war der Gute Heinrich oder Wilde Spinat noch bestens bekannt. Er war eine typische Dorfpflanze, die an jeder Ecke wuchs. Man konnte ihn in der Nähe von Viehställen und Almhütten finden, denn er mag stickstoffreiche Standorte. Heute findet man ihn kaum noch. Dabei gibt der Gute Heinrich einen herb-würzigen Spinat ab. Dazu verwendet man die Blätter der jungen, noch nicht blühenden Pflanze. Ältere Blätter sind allerdings bitter und enthalten wie der Rhabarber viel Oxalsäure. Wer unter Gicht oder Nierenproblemen leidet, sollte deshalb nicht zu viel davon essen. Allerdings ist er – wie sein Kulturverwandter, der Rhabarber – ebenfalls reich an Eisen.

Der Gute Heinrich ist eine vielseitige und schmackhafte Pflanze: Sein Kraut kann wie Spinat, die Triebe können wie Spargel und die Blütenstände wie Brokkoli zubereitet werden.

Kräuterlehrgarten Elbersroth

91567 Herrieden, OT Elbersroth (Kräuterlehrgarten nach dem Ortsausgang Elbersroth, der Weg ist beschildert)
Tel. +49 9825 80835
www.herrieden.de
Öffnungszeiten: ganzjährig

Größe: 1100 Quadratmeter
Parkmöglichkeit vorhanden
Eintritt frei
Keine Gastronomie
Barrierefrei
Führungen auf Anfrage

Durch das Kräuter-labyrinth zur eigenen Mitte

Labyrinthe faszinieren die Menschen schon seit Jahrtausenden – vielleicht, weil sie trotz ihres verschlungenen Weges und regelmäßigen Wechsels der Richtung doch immer zum Mittelpunkt führen. Der Weg zur Mitte ist auch das Thema des Gartens der Sinne in Hilpoltstein, der als Kräuterlabyrinth angelegt ist. »Auch die längste Reise beginnt mit dem ersten Schritt« – Tafeln mit Sinnsprüchen wie diesem und üppig wachsende Pflanzen begleiten den Besucher auf seinem Weg. Den Mittelpunkt bildet schließlich ein schön gestalteter Brunnen.

Hinter dem Hauptgebäude der Regens-Wagner-Stiftung, die im Sinne der franziskanischen Spiritualität Förder-, Arbeits- und Lebensmöglichkeiten für Menschen mit verschiedenen Behinderungen anbietet und damit auch ein Stück des Weges mit ihnen geht, öffnet sich ein großzügiges Gelände. Dort befindet sich das beeindruckende, 650 Quadratmeter füllende Labyrinth aus Trockensteinmauern. Der etwa 200 Meter lange Weg zum Mittelpunkt führt zwischen Hochbeeten hindurch. Auf diese Weise wird das Betrachten, Fühlen und Riechen, also das, was einen »Garten der Sinne« ausmacht, erleichtert.

Das Kräuterlabyrinth ist für Besucher mit und ohne Behinderung gleichermaßen erlebbar. Der breite Weg ist gepflastert, Täfelchen mit deutschen und lateinischen Namen sowie in Blindenschrift bezeichnen die Kräuter.

Die Hochbeete winden sich in vier Kreisen mit je einem Thema um den zentralen Brunnen. Die Heilkräuter werden repräsentiert von Kamille, Rotem Sonnenhut und Ackerstiefmütterchen. Bei den Küchenkräutern

Auf den Mauern aus Naturstein wachsen Heil-, Wild- und Gewürzpflanzen (oben). Im Mittelpunkt des Labyrinths: eine Bronzeskulptur (linke Seite).

finden sich neben Gewürzklassikern wie Oregano
und Borretsch auch wilde Vertreter der Würzkräuter wie Knoblauchsrauke sowie Quendel – das ist der
wild wachsende Sandthymian – und auch Brennnessel. Unter den Kräutern für die Sinne finden sich
vor allem Duftpflanzen wie verschiedene Minze-
arten und die als Apothekerrose bekannte Essigrose.
Wohl fühlt sich hier auch Diptam, der gerne als
»brennender Busch« bezeichnet wird. Der Grund dafür sind seine vielen ätherischen Öle vor allem in
den Fruchtständen, die in der Wärme des Sommers
in großen Mengen verdunsten. Bei extremer Hitze
und Windstille kann sich die Pflanze deswegen sogar selbst entzünden. Die vierte Kräutergruppe im
Labyrinth sind die christlichen Symbolpflanzen. So
ist beispielsweise der Echte Ehrenpreis Sinnbild für
Christus als Retter der Welt.

Am Ende des Kräuterwegs erreicht man den
Brunnen mit einer Bronzefigur, die eine Taube in
der Hand hält – ein Verweis auf den heiligen Franziskus. Dessen Verbundenheit mit Tieren zufolge
gibt es auf dem großen Gelände der Regens-Wag-
ner-Stiftung auch Esel, Ziegen und Bienen. Zu einer weiteren Franziskus-
statue gelangt man durch einen schattigen, etwa 100 Meter langen historischen Laubengang.

Das Kräuterlabyrinth ist in einen »Gedankenweg« mit verschiedenen
Stationen eingebettet, der als Symbol für den Lebensweg des Menschen
angelegt wurde. Er will dazu einladen, bei einer Wegmeditation dem eigenen Pfad nachzuspüren.

Jedes Jahr am dritten Sonntag nach Pfingsten wird ein großes Sommerfest mit Kräuterfest in Zell gefeiert. Kräuterpädagoginnen und Direktvermarkter bieten dabei Informationen über die Pflanzen im Kräuterlabyrinth und regionale Produkte an.

*Oregano ist mit seinen aro-
matischen Blüten ein Nektar-
spender für Bienen (oben).
Das Kräuterlabyrinth beeindruckt durch seine Größe
und die Vielfalt der Blüten
(linke Seite).*

*Kräuter für alle Sinne wach-
sen im Labyrinth, sei es die
herrlich duftende Apothe-
kerrose oder die Königskerze mit ihrem schmeicheln-
den, weichen »Pelzbesatz«.*

Ausflugstipp

Direkt vor den Toren der Stadt Hilpoltstein liegt die Urlaubsregion Fränkisches Seenland. Der nur 1,5 Kilometer entfernte Rothsee mit seinem
Seezentrum Heuberg ist Anziehungspunkt für Erholungsuchende und
sportlich Aktive. Rund um den See laden gepflegte Strände und Liegewiesen zum Baden und Sonnen ein. Segler und Surfer finden auf der
Rothsee-Hauptsperre ein ideales Revier für ihren Sport.

Kräutertipp

Großblütige Königskerze
(Verbascum densiflorum)

Die zweijährige Pflanze ist aufgrund ihres manchmal sogar bis zu drei Meter hohen Wuchses eine majestätische Erscheinung. Sie bildet im ersten Jahr eine Blattrosette, aus der sich erst im zweiten Jahr der Stängel mit den Blüten erhebt. Die Königskerze wird auch Wollblume genannt, ein Name, der von ihren flauschig-weich behaarten Blättern herrührt. Im bayerischen Brauchtum ist die Königskerze fest verwurzelt. In den an Mariä Himmelfahrt gebundenen und geweihten Kräuterbuschen bildet sie stets den Mittelpunkt der neun bis zu 99 Kräuter. Sie gilt auch als alte Schutzpflanze, die man gerne am Haus wachsen lässt; sie soll es vor Blitzschlag schützen. Als traditionelles Heilmittel finden ihre gelben Blüten Anwendung; sie sind ein pflanzliches Heilmittel bei Hustenreiz und wirken schleimlösend.

Mit Öl oder Wachs getränkt, diente die Königskerze einst sogar als Fackel.

Garten der Sinne

Regens Wagner Zell
Zell A 9
91161 Hilpoltstein
Tel. +49 9177 970
www.regens-wagner-zell.de
Öffnungszeiten: ganzjährig von
8 Uhr bis Einbruch der Dunkelheit

Größe: 650 Quadratmeter
Parkmöglichkeit gegenüber
dem Hauptgebäude
Eintritt frei
Keine Gastronomie
Barrierefrei
Keine Führungen

Kleine Paradiese der Gartenkultur

»Wer einen Garten hat, lebt schon im Paradies«, so ist auf einem Fähnchen im Außenbereich des Museums zu lesen. Paradiesisch ist auch das großzügige Gelände mit weiten Wiesenflächen und dem Blick auf friedlich weidende Rinder. Paradiesisch ist es vor allem aber deshalb, weil sich hier die unterschiedlichsten Gartenräume als Paradiese im Kleinen wie Perlen auf einer Schnur aneinanderreihen.

Mehr als 20 Pflanzenkabinette – das sind die zehn mal zehn Meter großen Gartenräume – widmen sich jeweils einem besonderen Thema. Originell präsentiert sich das Kabinett der Teepflanzen: In der Luft »schwebende« Porzellantassen und Kannen machen auf die wohltuende Wirkung von Zitronenverbene, Melisse und verschiedenen Minzen aufmerksam. Ein anderes Kabinett stellt Farb- und Färbepflanzen vor. Ringelblume, Rote Melde und Kornblume überraschen mit ihrem bunten Pflanzensaft. Passend dazu wird bei einem Workshop das »Malen mit Pflanzenfarben« angeboten. Spannend wird es dann im »Garten der schwarzen Magie«. Nach altem Aberglauben befähigte die Tollkirsche in der »Flugsalbe« die Hexen zum Flug auf ihren Besen. Das Berufkraut dagegen sollte helfen, wenn man von Krankheiten befallen war, die durch »berufen«, das heißt verhexen, verursacht wurden. Dann konnte mittels eines Zauberspruchs die Krankheit auf die Pflanze übertragen werden. Im Reich der grünen Erlebnisräume kann man auch Bemerkenswertes lernen, zum Beispiel über Giganten der Pflanzenwelt. Beim Betreten des gleichnamigen Gartens fühlt man sich wie im Dschungel; in ihm befinden sich jedoch ausschließlich einheimische Pflanzen, die innerhalb nur weniger Monate drei Meter Höhe erreichen können. Gartenmelde, Knöterich, Sonnenblume und

Den Teegarten kann man gar nicht übersehen: »Schwebende« Tassen und Kessel weisen auf die Verwendung der verschiedenen Kräuter hin (oben).
An jeder Ecke erwartet den Besucher eine überraschende Idee, so wie dieses alte Backsteinhäuschen (linke Seite).

Erstaunlich viele Pflanzen, wie zum Beispiel Ringelblume und Rotkohl, lassen sich zum Färben nutzen. Workshops vermitteln dazu das nötige Know-how.

Beifuß gehören dazu und bilden ein Dickicht, in dem die Orientierung schwer fällt. Und so könnte man weiter all die Themen aufzählen, die das Freigelände des Museums der Gartenkultur so abwechslungsreich mit Pflanzen illustriert.

Das im Jahr 2013 eröffnete Museum sieht sich als Zentrum eines Netzwerks zur Förderung der Gartenkultur. Dort kümmert man sich um den Erhalt der Biodiversität. Durch Kultivierung und Saatgutvermehrung wird zur Bewahrung der botanischen Vielfalt, zur Verbreitung und zur Pflege alter, teilweise längst vergessener Pflanzenarten beigetragen. Das »Gartenarsenal« im Museumsgebäude versammelt über 7000 historische Gartengeräte und Plakate, historische Kataloge sowie alte Gärtnerhandschriften. Die »Schwäbische Gartenakademie« bietet rund ums Jahr Seminare, Vorträge, Mitmach-Werkstätten und andere Veranstaltungen zur gärtnerischen, botanischen und ökologischen Weiterbildung an. Und die Bibliothek für Gartenliteratur ist eine wahre Fundgrube für den Garten- und Pflanzenfreund.

Gleich gegenüber liegt die Staudengärtnerei Gaißmayer, die fest ins Veranstaltungsprogramm eingebunden ist. Dort gibt es neben Stauden viele Kräuter im Schaugarten zu besichtigen und zu erwerben.

Ausflugstipp

Der mit 161,53 Metern höchste Kirchturm der Welt steht in Ulm, knapp 30 Kilometer von Illertissen entfernt. Damit wurde das berühmte Ulmer Münster zum Wahrzeichen der Stadt. Es ist auch das größte evangelische Kirchengebäude in Deutschland, dessen Bau mehr als 500 Jahre dauerte. 2015 feiert das Ulmer Münster das 125-jährige Jubiläum seiner Vollendung mit einer groß angelegten Kunstaktion.

Kräutertipp

Wilde Malve
(Malva sylvestris)
Ein alter Name der Malve lautet »Käsepappel«. Er leitet sich von der Form ihrer Früchte ab. Sie bestehen aus bis zu 15 Teilfrüchten, die zusammen einen kleinen »Käselaib« bilden. In früheren Zeiten gab man Kindern einen Brei (»Papp«) daraus zu essen. Schon in der Antike wurde die Malve als Gemüse- und Heilpflanze angebaut. Als Letzteres gilt sie auch heute noch. Mit ihrem hohen Gehalt an Schleimstoffen ist sie ein wissenschaftlich anerkanntes Mittel bei Reizungen der Schleimhäute in Mund und Rachen sowie bei trockenem Reizhusten. Die Schleimstoffe bilden einen schützenden Film und sind von lindernder Wirkung. Anhand ihrer Blüten kann man die Malve leicht mit dem Echten Eibisch verwechseln. Das ist jedoch nicht schlimm, denn er hat eine ganz ähnliche Wirkung. Für Tee gegen Reizhusten übergießt man Malvenblätter und/oder Malvenblüten mit kaltem Wasser und lässt sie fünf bis zehn Stunden ziehen. Nach dem Absieben erwärmt man das Mazerat kurz und trinkt es schluckweise.

Die Malve ist nicht nur eine schöne und heilsame Pflanze, im Mittelalter diente sie auch als Gemüse.

Museum der Gartenkultur
Jungviehweide 1
89257 Illertissen
Tel. +49 7303 9524748
www.museum-der-gartenkultur.de
Öffnungszeiten, auch Museumsladen: Dienstag bis Samstag,
11 bis 18 Uhr, Museumscafé Sonnenschein: Dienstag bis Sonntag,
11 bis 18 Uhr, Museumsausstellungsbereich: Dienstag bis Sonntag,
11 bis 18 Uhr
Größe: 1,5 Hektar (Freianlagen mit Museumsgärten)
Parkmöglichkeit vorhanden
Eintritt: 4 Euro
Gastronomie: Museumscafé
Barrierefrei
Führungen siehe
Veranstaltungen im Internet

Die Dosis macht das Gift

Seit Urzeiten setzen Menschen zur Behandlung von Krankheiten auf
die heilsame Wirkung der Pflanzen. Doch bei manchen ist Vorsicht geboten, denn der Grat zwischen Medizin und Gift kann sehr schmal sein.
»Dosis sola venenum facit« – allein die Menge macht das Gift, lehrte
schon Anfang des 16. Jahrhunderts der Arzt und Alchimist Paracelsus.

Auch in Ingolstadt wurde Medizin gelehrt, nämlich in der
»Alten Anatomie«, zu der der Arzneipflanzengarten gehört.
Wie ein barockes Lustschlösschen mit Wandelgarten mutet
das Herzstück des Deutschen Medizinhistorischen Museums
an – ein wunderschönes Ensemble im Stil einer Orangerie.
Die erste medizinische Fakultät nördlich der Alpen erhielt
1723 bis 1736 ein neues Lehrgebäude mit dem sogenannten
»Anatomischen Theater« im Kern. Hier wurden nicht nur Anatomie, Chemie und Physik unterrichtet, auch Botanik wurde
gelehrt. Der angegliederte botanische Garten lieferte den Medizinstudenten und ihren Lehrern Anschauungs- und Arbeits-
material. Nach der Verlegung der Universität nach Landshut
im Jahr 1800 wurde der Garten zweckentfremdet. Im Zug der Renovie-
rung der »Alten Anatomie« und der Eröffnung des Deutschen Medizinhistorischen Museums 1973 entstand der Garten wieder neu. Eine Umge-
staltung erfuhr er 1992 zur Bayerischen Landesgartenschau.

*Der schlangenumwundene
Äskulapstab bildet die
passende Brunnenfigur
(oben). Äskulap ist der grie-
chische Gott der Heilkunde.
Die Beete des Arzneipflan-
zengartens erstrecken sich
hinter dem Gebäude des
Medizinhistorischen Muse-
ums (linke Seite).*

Vom plätschernden Springbrunnen mit Äskulapstab zweigen nun die
ornamental gestalteten Beete strahlenförmig ab. Sie werden traditionell
von Buchsbaumhecken und -kugeln gesäumt. Kieswege verbinden die
einzelnen Teile, und sogar die Anpflanzungen dürfen auf schmalen Pfaden betreten werden. 250 Pflanzenarten werden hier akribisch gehegt
und gepflegt. Sie sind prächtig entwickelt und jeweils in großer Anzahl
vorhanden. Alle Pflanzen sind genau beschriftet. Tödlich giftige Pflanzen sind mit einem Totenkopf gekennzeichnet.

Die Tollkirsche ist ein Nacht-schattengewächs und stark giftig (oben).
Mit Buchskugeln und -hecken gestaltet, wirkt der Arznei-pflanzengarten wie ein Schlosspark (rechte Seite).

Dem Gartenkonzept liegt eine Einteilung nach Wirkstoffgruppen zugrunde: Bitterstoffe, Saponine, Öle, Schleime, Glycoside, Gerbstoffe, ätherische Öle und Alkaloide. Vor allem die Alkaloide sind es, die manche Arten so »gefährlich« machen. Und so gibt es hier eine Vielzahl Respekt einflößender Gewächse: Schwarze Tollkirsche und Schwarzes Bilsenkraut, die als typische Hexenpflanzen bekannt sind. Auch verschiedene Eisenhutarten enthalten Alkaloide, ebenso der Tabak, der hier mit verschiedenen Arten gezeigt wird. Bei ihm entscheidet die Menge, ob er »nur« als Genussmittel oder schon als Gift wirkt. In der Abteilung der Glycoside wächst der Rote Fingerhut. Auch dabei kommt es ganz auf die Dosis an: Seine Herzglycoside können bei Erkrankungen heilsam sein, andererseits aber auch tödlich wirken. In Form von Tabletten aus der Apotheke können sie eingenommen werden, aber von der Selbstmedikation mit giftigen Pflanzen sollte man die Finger lassen.

Besonders bei der Familie der Doldenblütler sind selbst Kräuterkundige bei der Pflanzenbestimmung vorsichtig. Geflackter Schierling, Hundspetersilie, Kümmel und Wiesenkerbel sehen sich zum Verwechseln ähnlich, wenn man sie nur flüchtig betrachtet. Hier lässt sich der Arzneipflanzengarten bestens nutzen, um die besonderen Unterschiede giftiger und ungiftiger Arten zu untersuchen.

Viel Raum, nahezu ein Viertel der Fläche, nehmen die Volksheilmittel ein. Bei den Pflanzen mit Schleimstoffen begegnet man dem Flohsamen-

kraut, das der Darmträgheit entgegenwirkt. Bei den Gerbstoff-
pflanzen finden sich Lungenkraut und Echte Goldrute. Genauso umfangreich ist die Abteilung der Pflanzen, die ätherische
Öle enthalten. Erwähnenswert ist die umfangreiche Abteilung
mit Ölpflanzen wie Rhizinus, Lein, Sonnenblume und Ölbaum.

Dem Arzneipflanzengarten ist ein Duft- und Tastgarten an-
gegliedert, wo auch einmal ein aromatisches Blättchen zum
Riechen und Schmecken gezupft werden darf. Hier ist alles
rollstuhlgerecht in Hochbeeten angepflanzt, alle Schilder sind
in Brailleschrift zu lesen. Spannend ist – auch wenn man einfach nur mit geschlossenen Augen entlanggeht – die Zusam-
menstellung der Pflanzen: von stachelig wie Kartoffelrose und
Bergkiefer oder kratzig wie Färberröte, über sparrig wie Schach-
telhalm bis hin zu flauschig weich wie Königskerze.

Ausflugstipp

Heute beherbergt die Alte Anatomie das Deutsche Medizinhistorische
Museum, das anhand von Utensilien, Instrumenten und Schriften die
Geschichte der Medizin von der Antike bis zur Gegenwart dokumentiert.

Ein weiteres barockes Schatzkästchen liegt etwas versteckt in der Altstadt: die als Asamkirche bekannte Kirche Maria de Victoria. Sie wurde
zwischen 1732 und 1736 als Oratorium der marianischen Studentenkon-
gregation erbaut. Das fantastische Deckenfresko stammt von Cosmas
Damian Asam, dem berühmtesten bayerischen Barockkünstler. In der
Schatzkammer wird ein besonderes Juwel aufbewahrt: die 1708 fertig-
gestellte Lepanto-Monstranz. Das filigrane, aus Gold und Silber gefertigte
Kunstwerk zeigt die siegreiche Seeschlacht der Christen über die Türken.
Sie wird als die wertvollste Monstranz der Welt bezeichnet.

Wer sich für Technik begeistert, kann im »Audi museum mobile« die
Geschichte des Ingolstädter Autobauers verfolgen. In einem architekto-
nisch interessanten Gebäude werden auf fast 6000 Quadratmeter rund
50 Automobile sowie 30 Motor- und Fahrräder der Marken Audi und seiner »Vorfahren«, DKW, Horch, Wanderer und NSU präsentiert.

Kräutertipp

Schwarze Tollkirsche

(Atropa belladonna)

Ihren botanischen Namen hat die Schwarze Tollkirsche von der griechischen Göttin Atropos. Sie ist diejenige unter den drei Schicksalsgöttinnen, die den Lebensfaden durchschneidet. Das ist schon ein deutlicher Hinweis auf die Giftigkeit dieses Nachtschattengewächses. Der Zusatz »belladonna« spricht für sich. Früher verwendeten Frauen den atropinhaltigen Saft der »Kirschen«, um die Pupillen zu weiten, was als besonders attraktiv galt.

Die Schwarze Tollkirsche findet man auch heute noch wild wachsend an Waldrändern oder auf Lichtungen. Wunderschön und verlockend glänzen ihre schwarzen Früchte, deren Wirkung tödlich sein kann. Daher sollten Eltern beim Spaziergang achtsam sein, denn bei Kindern reichen schon drei bis vier der süßlich schmeckenden Beeren, bei Erwachsenen zehn bis zwölf, um einen Tod durch Herz- und Atemstillstand zu erleiden.

Verführerisch glänzen die giftigen Früchte der Tollkirsche, weshalb sie besonders für Kinder zu einer Gefahr für die Gesundheit werden können.

Arzneipflanzengarten des Deutschen Medizinhistorischen Museums

Anatomiestraße 18–20
85049 Ingolstadt
Tel. +49 841 3052860
www.dmm-ingolstadt.de
Öffnungszeiten wie das Museum:
Dienstag bis Sonntag 10–17 Uhr
Größe: 2000 Quadratmeter
Parkmöglichkeit: gebührenpflichtiger Parkplatz schräg gegenüber
Eintritt frei

Gastronomie: Museumscafé
ab Mitte 2016
Barrierefrei
Führungen: Die aktuellen Themen und Termine der öffentlichen Führungen finden sich im Internet im Veranstaltungskalender. Gruppenführungen können unter 0841 3052863 gebucht werden.

Ein Felsennest voll wilder Kräuter

634 Meter hoch auf dem Dolomitfelsen thront die malerische Burg Hohenstein und bietet einen fantastischen Rundumblick über den fränkisch-oberpfälzischen Jura. Aber nicht nur dieser ist die Belohnung für den Aufstieg, sondern auch der hübsche botanische Garten. Viele kleine Beete entlang roher Felsen und trutziger Mauern sind mit Wild-, Gewürz- und Heilpflanzen aus der Umgebung bewachsen.

Gleich am Ende der letzten steilen Treppe erwartet den Wanderer eine Ruhebank mitten im liebevoll angelegten Kräuterbeet. Es schmiegt sich geradezu pittoresk zwischen ein schmiedeeisernes Tor und einen hoch aufragenden Felsen. Mit diesem Vorgarten nahm der Garten seinen Anfang. Gertraud Maul, Schriftführerin des Verschönerungsvereins Hohenstein, dem der Garten gehört, legte ihn seit dem Jahr 2000 Schritt für Schritt an. Der Entschluss, Wildkräuter anzupflanzen, rührt von deren besonderer Widerstandskraft. Die Pflanzen trug Gertraud Maul in der Umgebung zusammen und siedelte sie in den Beeten auf der Burg an. 2007 begann der Verschönerungsverein mit der Sanierung seiner Burg und der Einrichtung des botanischen Gartens. Wild-, Gewürz- und Heilpflanzen aus dem Jura sollten den Besuchern die Möglichkeit geben, heimische, geschützte und vom Aussterben bedrohte Kräuter kennenzulernen. So findet man heute die geschützte Kartäusernelke zwischen heimischer Braunwurz und Rupprechtskraut. Gleich in der Nachbarschaft wächst das Mutterkraut. Es ist heute kaum noch bekannt. Seine Blüten erinnern an Kamille, doch Wuchs und Gestalt sind kräftiger. Ein Stück weiter kann man über die Felsen klettern, aus denen die Burg in die Höhe wächst – die Aussicht auf die umgebende Landschaft ist grandios. Auf

Eine Vielzahl kleiner Kräuterbeete sind überall in der verwinkelten Burganlage hoch über Kirchensittenbach zu entdecken (oben und linke Seite).

diesem Felssporn gibt es auch einen kleinen Bestand der geschützten »Hersbrucker Mehlbeere«, die mit der Vogelbeere verwandt ist.

Die Treppe zum Innenhof der im 11. Jahrhundert entstandenen Burg begleiten Haselwurz und Bergminze. Dort angelangt, fällt ein Trockenrasenstück auf, das dicht vom heilenden Wundklee bevölkert wird. Viele geschützte Pflanzen gedeihen hier, zum Beispiel die Türkenbundlilie mit ihren entzückenden Blüten oder das Salomonsiegel mit seinem streng symmetrischen Wuchs. Auch etliche giftige Kräuter finden sich, so etwa die vierblättrige Einbeere, auch »Teufelsauge« genannt.

Besonders interessant sind die Beschriftungen, die neben der deutschen und botanischen Bezeichnung auch die vielen verschiedenen Trivialnamen einer Pflanze auflisten. So geben die Bezeichnungen der Einbeere als Schlangenbeere, Schwarzblattkraut und Teufelsbeere aufschlussreich Bescheid über deren schädliche Wirkung.

Ausflugstipp

Burg Hohenstein an sich ist schon einen Ausflug wert, der auch Kulinarisches zu bieten hat: Das Windbeutel-Café zu Füßen der Burg überrascht mit riesigen Windbeuteln, die ungewöhnlich gefüllt sind. Wer gerne wandert, findet im Sittenbachtal viele Möglichkeiten. Die Wege führen durch fränkische Bilderbuchdörfer, vorbei an typischen Hopfenhäusern und einer Wehrkirche in Kirchensittenbach. Im Umkreis von knapp zehn Kilometern locken drei weitere Ausflugsziele: für kulturell Interessierte das neugotische Wasserschloss Reichenschwand mit herrlichem Garten sowie das Jüdische Museum Franken in Schnaittach. Und für Wellnessfreunde wartet die Fackelmann-Therme in Hersbruck mit Wassergenuss.

Am Fuß der Felsen und trutzigen Mauern finden sich Wildpflanzen aus der Umgebung (oben und rechte Seite).

Kräutertipp

Mutterkraut
(Tanacetum parthenium)

Wegen ihrer Ähnlichkeit mit der Kamille wird die alte Heil- und Zierpflanze auch falsche Kamille oder Zierkamille genannt. Ein eindeutiges Kennzeichen, echte Kamille von ähnlichen Arten zu unterscheiden, ist der Blütenboden unter den gelben Röhrenblüten in der Mitte: Schneidet man ihn senkrecht durch oder zwickt man den Blütenkopf direkt am Stängel ab, lässt sich bei der echten Kamille deutlich ein kleiner Hohlraum erkennen.

Schon in der Antike war Mutterkraut als Heilmittel bekannt, und im Mittelalter wurde es bei Kopfschmerzen angewendet. Diese Indikation hat auch die heutige Forschung festgestellt: Mutterkraut gilt als vorbeugendes Mittel bei Migräne, wenn es über einen längeren Zeitraum eingenommen wird. Die Inhaltsstoffe, die dafür verantwortlich sind, können allerdings auch zu Kontaktallergien führen. Der Name Mutterkraut geht zurück auf den Einsatz bei Schwangerschafts- und Menstruationsbeschwerden.

Das Mutterkraut, Tanacetum oder Chrysanthemum parthenium, hat seinen Namen von seiner Wirkung bei Schwangerschaftsbeschwerden (oben).
Über dem begrünten Innenhof der Burg erheben sich ein Rest des mittelalterlichen Turms und malerische Zinnen (linke Seite).

Botanischer Garten Burg Hohenstein
Hohenstein Nr. 36
91241 Kirchensittenbach
Tel. +49 9152 423
www.burg-hohenstein.com
Öffnungszeiten: März bis November an Sonn- und Feiertagen von 11–17 Uhr, wenn die Witterung es zulässt (am besten im Internet nachsehen);

an Wochentagen kann man sich den Schlüssel im Lebensmittelladen »Lotte Igel« abholen.
Größe: 350 Quadratmeter
Parkmöglichkeit im Ort
Eintritt: 2 Euro
Gastronomie: Windbeutel-Café
Nicht barrierefrei
Keine Kräuterführungen

Heilsames aus der »Apotheke Gottes«

22 Pastoren haben den schönen Pfarrgarten im Lauf von weit über 150 Jahren zur Versorgung ihrer Haushalte und der Kirche mit Blumenschmuck genutzt. Bemerkenswert ist, dass er bis heute in seiner ursprünglichen Form und Aufteilung erhalten ist. Sein besonderes Kennzeichen ist der Springbrunnen in der Mitte, der von einer Pergola mit Spalier eingerahmt wird.

Der Grundriss des Gartens, der vermutlich nach dem Neubau des heutigen Pfarrhauses 1831 entstanden ist, gliedert sich nach dem Goldenen Schnitt. Das macht ihn so harmonisch in seinem Erscheinungsbild. Zwei Drittel der Fläche werden von bunten Kräuterbeeten belegt, der hintere Abschnitt ist eine Wiese und war früher von Obstbäumen bestanden. Die beiden Hauptwege bilden ein Kreuz, in dessen Zentrum ein Rondell angelegt ist. Dort plätschert heute ein Springbrunnen. Das ganze Gelände ist von alten Eichen und Linden umgeben. Bis heute werden hier die Lindenblüten gezupft und getrocknet.

Der Pfarrgarten hat einen festen Bestand an rund 200 Kräutern aller Art. Man findet hier verschiedene Wildgemüse wie Schildampfer und Schlangenknöterich, der früher in Nordbayern auch als Köhl bekannt war. Seine Blätter wurden im Frühjahr gesammelt, um daraus einen vitamin- und mineralstoffreichen Spinat zu kochen. Darüber hinaus wachsen als Wildpflanzen Bachnelkenwurz und Barbarakraut und als Vertreter der Würz- oder Küchenkräuter Bergbohnenkraut und Beifuß. Besonders viele der kultivierten Kräuter haben eine Heilwirkung. Der Samen der Mariendistel mit ihren gefleckten Blättern wirkt sich günstig auf die Leber aus. Das Kraut des Hirtentäschels ist vor allem als blutstillendes Mittel bekannt. Viele Heilkräuter sind giftig, doch es

Bei einem Streifzug durch den vielseitigen Pfarrgarten lassen sich im jahreszeitlichen Wechsel verschiedene Themen, Heil- und Würzkräuter, aber auch Bauerngartenstauden und Obstgehölze erkunden (linke Seite). Den Mittelpunkt bildet eine Pergola (oben).

Die Mitglieder des Obst- und Gartenbauvereins Schmölz pflegen ihre Anlage mit liebevoller Hand (ganz oben). Dabei kultivieren sie auch einige giftige Pflanzen wie die Weiße Zaunrübe mit ihren Ranken (oben).

kommt auf die verwendete Dosis an. Die Weiße Zaunrübe mit dem botanischen Namen Bryonia alba zum Beispiel findet vor allem in der Homöopathie Anwendung. Ihr sehr breit gefächerter Einsatz reicht von Arthritis bis Verstopfung. Alle Pflanzen sind genau beschriftet und mit Hinweisen auf die verwendeten Pflanzenteile und deren Heilwirkung versehen.

So wurde der Schmölzer Pfarrgarten vom örtlichen Obst- und Gartenbauverein, der ihn seit 1988 betreut, im Sinn einer »Apotheke Gottes« bepflanzt. Als Lehrgarten soll er die Liebe zur Natur und zur Schöpfung wecken. Alljährlich im Mai beginnen fleißige Mitglieder des Vereins, den Garten herzurichten. Im jahreszeitlichen und jährlichen Wechsel gestalten sie mit weiteren 100 bis 200 Kräutern immer wieder neue Themen: Pflanzen bei Geburt, Hochzeit und Tod, Bienen- und Duftpflanzen, Bibelpflanzen oder Pflanzen des »Capitulare de villis« von Kaiser Karl dem Großen. Auch für Kinder gibt es jedes Jahr ein spezielles Thema. Darüber hinaus zeigt der Garten auch Bauerngartenstauden, historische Rosen, alte und neue Obst-, Gemüse- und Ackerpflanzen. Ende Juni/Anfang Juli wird ein großes Sommerfest im Pfarrgarten gefeiert.

Ausflugstipps

Ein uralter Baumriese steht in Küps-Nagel: die »Tausendjährige Eiche« am Zaun des Schlosses Alte Kemenate. Ihr Alter wird heute zwar »nur« mit 450 bis 600 Jahre angegeben, doch das Naturdenkmal ist beeindruckend. Die Krone der Eiche erreicht eine Höhe von 28 Metern, ihr Stammumfang ist gigantisch: In Bodennähe sind es 12 Meter, in Brusthöhe erreicht der Stamm noch einen Umfang von etwa 9,20 Metern. Die alte Stieleiche soll noch sehr vital sein. Neben dem Schloss Alte Kemenate gibt es in dem kleinen Städtchen Küps und seinen Ortsteilen noch eine Reihe weiterer hübscher Schlösschen und Adelssitze.

Um Schmölz herum verläuft ein 6 km langer ökologisch-botanischer Lehrpfad, der am Pfarrgarten endet.

Kräutertipp

Echtes Johanniskraut
(Hypericum perforatum)

Die Arzneipflanze des Jahres 2015 ist das bekannteste Mittsommerkraut in unseren Breiten. Um Johanni, also den 24. Juni, herum öffnen sich seine kleinen Blüten, die wie die Sonne strahlen. Stimmungsaufhellend ist auch die arzneiliche Wirkung des Johanniskrauts. Es ist ein von der Schulmedizin anerkanntes Heilmittel bei leichten bis mittelschweren Depressionen. Schon im Mittelalter bekämpfte man damit die »Melancholie«. Diese Wirkung steckt vor allem in seinem Pflanzenstoff Hypericin. Reibt man die Blüten zwischen den Fingern, so färben sich diese rot. Aus den Blüten und Knospen lässt sich das Rotöl herstellen, das in keiner Hausapoheke fehlen sollte. Man füllt ein Schraubglas mit Blüten und Knospen und übergießt die Pflanzenteile mit einem hochwertigen Speiseöl. Auf einer sonnigen Fensterbank darf es so lange ziehen, bis sich das Öl rot färbt. Etwas Geduld ist nötig, denn das kann sechs bis acht Wochen dauern. Wichtig: Das Glas jeden Tag einmal schütteln, damit sich kein Schimmel bildet! Das fertige, abgesiebte Rotöl wird in der Volksheilkunde bei Sonnenbrand, verspannten Muskeln, Hexenschuss, Rheuma, Verrenkungen und Verstauchungen aufgetragen. Es macht die Haut lichtempfindlich – daher nach der Anwendung nicht in die pralle Sonne gehen.

Die Blüten des Johanniskrauts erinnern an kleine Sonnen, deren strahlendes Gelb aufmuntert. Als Heilpflanze hat es die Kraft, die Stimmung aufzuhellen und antidepressiv zu wirken.

Historischer Pfarrgarten

Schulstraße 17	frei zugänglich
96328 Küps, OT Schmölz	Größe: 1000 Quadratmeter
(Obst- und Gartenbauverein	Parkmöglichkeit vorhanden
Schmölz, 1. Vorstand Gisela Schorn)	Eintritt frei
Tel. +49 9264 6695	Keine Gastronomie
www.gartenbauverein-schmoelz.de	Bedingt barrierefrei
Öffnungszeiten: ganzjährig	Führungen auf Anfrage

»Open-Air-Bibliothek« der Naturheilkunde

Einzigartig ist das Konzept des Albertus-Magnus-Heilpflanzengartens, der auch als »Open-Air-Bibliothek« der Naturheilkunde bezeichnet wird. Und das ist nicht übertrieben. In seinen Beeten – ihrer Form wegen »Vulkane des Wissens« genannt – stellt er acht naturheilkundliche Methoden aus den unterschiedlichsten Kulturkreisen ausführlich vor. Wer sich umfassend informieren möchte, ist hier am richtigen Ort.

Von jeher nutzen die Menschen Heilmittel aus der Natur. Jede Kultur setzt dabei auf ihre eigenen Heilprinzipien und Formen der Anwendung, die oft eine jahrtausendealte Tradition haben. So gibt es das Wissen der Traditionellen Chinesischen Medizin (TCM), des Ayurveda, der Spagyrik sowie der Hildegard-Medizin und die jüngeren Heilmethoden der Homöopathie, der anthroposophischen Medizin, der Bachblüten- und der Aromatherapie. Jedem dieser Bereiche widmet der Heilpflanzengarten mit seinen insgesamt 220 Arten ein großes, kegelförmiges Beet mit den wichtigsten Kräutern der jeweiligen Naturheilmethode. Informationstafeln vermitteln wertvolles Wissen darüber.

Der Heilpflanzengarten ist als weitläufiger Park konzipiert. Eingebettet in grüne Wiesenflächen erheben sich die »Vulkane des Wissens« in Form runder, kegelförmiger Beete (oben und linke Seite).

   Interessant und manchmal auch überraschend ist die Verwendung der einzelnen Pflanzenarten in den unterschiedlichen Naturheilverfahren: Während bei uns die Ballonblume wegen ihrer schönen Form und ihrer dekorativen Farbe als Schmuckgewächs ins Beet kommt, setzt die TCM auf die heilenden Kräfte ihrer Wurzel bei Husten und Bronchitis. In der ayurvedischen Medizin gilt Meerträubel aufgrund seiner scharfen Geschmacksrichtung als anregend, schweißtreibend, krampflösend und schmerzstillend. Die Spagyrik setzt die Bittere Schleifenblume bei funktionellen und vegetativen Herzstörungen ein. Hildegard von Bingen setz-

Kräuter wie Seifenkraut und Ginster oder Ysop, die in den unterschiedlichsten pflanzenheilkundlichen Methoden angewendet werden, gedeihen prächtig entlang des Weges und in den Beeten (ganz oben und oben).

te auf Meerrettich als allgemeines Stärkungsmittel zur Förderung und Erhaltung der Gesundheit. Rainfarn kommt bei nervöser Erschöpfung in der Homöopathie zur Anwendung. In der Anthroposophischen Medizin wird die Eselsdistel bei Herzrhythmus- und Schlafstörungen in homöopathischen Potenzen genutzt. Odermennig, in der Bachblütentherapie Agrimony genannt, wirkt auf die Seele und hilft, zu sich selbst zu finden. Manche Pflanze betört uns durch ihren Duft, manche mögen wir nicht riechen. Der Grund dafür sind die ätherischen Öle, auf die die Aromatherapie baut. Eines der beliebtesten Öle ist sicher das Lavendelöl, das beruhigend und ausgleichend wirkt.

Fündig wird man in Lappersdorf nicht nur in Sachen Heilpflanzen, sondern auch bei der Suche nach Gewächsen, die in der Bibel vorkommen. Bei vielen Kräutern verweisen Zitate, die auf Schildern zu lesen sind, auf die entsprechenden Bibelstellen. Auch das ist eine Besonderheit des Gartens, den es seit Juli 2007 gibt. Er wurde vom Markt Lappersdorf auf Initiative und in Kooperation mit der ehemaligen Inhaberin der Albertus-Magnus-Apotheke, Sabine Rosner, entlang des Friedensweges im Park des Metzenbachtals angelegt. Der Weg schlängelt sich zwischen den »Vulkanen« hindurch. Parallel dazu gibt es den Arzneipflanzenpfad, der 80 verschiedene Gewächse – in natura und beschreibend – bereithält.

Ausflugstipp

Nur wenige Kilometer sind es bis Regensburg, »eine der«, wie der englische Stararchitekt Lord Norman Foster bemerkte, »schönsten Städte der Welt«. Die Unesco-Welterbestadt fasziniert mit über 1500 denkmalgeschützten Gebäuden wie Dom, Altes Rathaus, Schloss von Thurn & Taxis, Patriziertürme, Steinerne Brücke, historische »Wurstkuchl« u. a.

Neben steinernen Sehenswürdigkeiten hat Regensburg aber auch Grünes zu bieten. Wer mehr über die Welt der Pflanzen erfahren möchte, sollte dem Botanischen Garten einen Besuch abstatten.

Kräutertipp

Kleiner Odermennig
(Agrimonia eupatoria)

Die zur Familie der Rosengewächse zählende Pflanze gilt in der Volksheilkunde als »Sängerkraut« und damit als altbewährtes Mittel gegen Heiserkeit, Mund- und Rachenentzündungen. Das liegt vor allem an ihrem hohen Gehalt an Gerbstoffen, die entzündungshemmend und schmerzlindernd wirken und die Schleimhäute schützen. Der Aufguss aus dem Kraut des Odermennigs kann daher zum Gurgeln verwendet werden. Seine weiteren Indikationen bei Magenbeschwerden und Hautleiden waren schon Hildegard von Bingen bekannt und sind bis heute gültig.

In der Bachblütentherapie wird Agrimony, also Odermennig, als Mittel angewendet, das die Ausgeglichenheit des Patienten fördert.

Albertus-Magnus-Heilpflanzengarten
Oppersdorfer Straße
93138 Lappersdorf
Tel. +49 941 830000
(Verwaltung Markt Lappersdorf)
www.lappersdorf.de
Öffnungszeiten: durchgehend
Größe: 1 Hektar (gesamter Grüngürtel Metzenbachtal; auf den Garten entfällt eine Teilfläche)
Parkmöglichkeit im Ort
Eintritt frei
Keine Gastronomie
Barrierefrei
Keine Führungen

Ein Dorf setzt auf die Kraft der Kräuter

Ein kleiner Flecken im Fichtelgebirge hat sich den Kräutern verschrieben. Der idyllische Erholungsort Nagel am See liegt inmitten unberührter Natur, der sich die Menschen dort eng verbunden fühlen. Mit dem Zukunftsprojekt Kräuterdorf will sich die Gemeinde ein unverwechselbares Profil geben. Was zunächst nach reinem Marketing klingt, wird engagiert mit Leben und vor allem Liebe zu den Kräutern gefüllt. Die 17 Kräuterfrauen des Dorfes haben ein prall gepacktes Programm an Wildkräuterwanderungen, Kochkursen, Salben- und Räucherworkshops und vielem mehr geschnürt und halten die Kräutertradition des Fichtelgebirges hoch.

Zur Verwirklichung des Projekts holte sich die Gemeinde wissenschaftliche Unterstützung. Studenten für Umweltplanung und Landschaftsarchitektur der TU Berlin erarbeiteten das Konzept. 2007 begannen die Planungen, von 2012 bis zum Sommer 2014 wurden die Ideen umgesetzt: Ein Duft- und Schmetterlingsgarten, ein Zeit- und Erlebnisgarten sowie ein Haus der Kräuter sind eröffnet – es gibt also Grün in Hülle und Fülle und auf großen Flächen zu erleben.

Direkt oberhalb des verträumten Nageler Sees beeindruckt der Duft- und Schmetterlingsgarten mit einer Vielfalt an aromatischen Pflanzen. Duftrose, Minze, Thymian und Lavendel blühen auf den terrassenförmig angelegten Beeten. Besondere Abteilungen halten spezielle Kräuter für Badezusätze und Kosmetik, für Tee, zum Färben und zum Räuchern bereit. Zu jedem Thema geben Texte auf Infotafeln nützliche Tipps, aufgrund der Nähe zum Nachbarland übrigens auch auf Tschechisch. Hätten Sie gewusst, dass Schafgarbe das als Schönheitsvitamin geltende Vitamin A enthält? Es pflegt un-

Das Gartengelände oberhalb des kleinen Nageler Sees präsentiert auf unterschiedlichen Ebenen Blüten so weit das Auge reicht (oben und linke Seite).

reine Haut und lindert Falten. Haben Sie schon einmal auf einem Thymianbett entspannt? Hier kann man ausprobieren, wie es sich in einem duftenden Kräuterbett liegt.

Die Wege durch den Garten sind breit angelegt und barrierefrei gestaltet. Bänke, eine Pergola und Sitzmauern laden zur Ruhepause mit Blick über den Natursee ein. Dieser Garten ist fester Bestandteil der Kräuterführungen. Hier werden die Kräuter frisch geerntet und im Rahmen von Kochkursen oder Seminaren weiterverarbeitet. Gepflegt werden sie von den Mitgliedern des Natur- und Kräuterdorfvereins in ehrenamtlicher Arbeit.

Der Zeit- und Erlebnisgarten liegt einen kleinen Fußmarsch vom See entfernt. Er führt die Besucher auf eine Zeitreise von der Steinzeit bis in die Moderne. Welche Kräuter haben die Menschen vor 10.000 Jahren gegessen? Welche Bedeutung hat Hildegard von Bingen? Auf viele Fragen erhalten Besucher in dem 3700 Quadratmeter großen Garten Antwort. Hier gibt es Walderdbeere und Holunder für die Steinzeit, Lungenkraut und Herzgespann für die Epoche des Mittelalters. Am Ende des in Serpentinen verlaufenden Weges wartet der Erlebnisgarten. Mit Lupen und beim Kräuterquiz können die Besucher hier selbst aktiv werden und betrachten, riechen, fühlen und schmecken. Über dem

Ein Schwerpunkt des Kräuterdorfs ist der Duftgarten mit einer Vielzahl aromatischer Pflanzen (ganz oben). Im Zeit- und Erlebnisgarten (darunter) mit seinem modernen Info-Pavillon bekommt der Besucher anhand der Kräuter einen Einblick in ihre Verwendung im Lauf der Jahrtausende.

Garten thront ein Info-Pavillon mit Aussichtsdeck. Von dort schweift der Blick über Wildkräuter- und Feuchtwiesen bis hin zum Ochsenkopf.

Mitten im Ort steht als dritter Baustein des Kräuterdorfes das frisch sanierte Haus der Kräuter. Hier finden die Seminare, Kochkurse und Ausstellungen statt. Im Dachboden wurden eigens Trockenräume für Kräuter eingerichtet. Hinter dem Haus steht ein Backhäuschen, das fleißig genutzt wird, um zum Beispiel Bärwurzbrot zu backen. 2015 soll im Ortsteil Reichenbach noch ein Bauerngarten hinzukommen. Mit all diesen Kräuterideen wird Nagel auch als offizielle Außenstelle an der Landesgartenschau 2016 in Bayreuth teilnehmen.

Ausflugstipp

»Der Granit lässt mich nicht los«, schwärmte schon Johann Wolfgang von Goethe, als er 1785 zum ersten Mal das Fichtelgebirge besuchte. Als Naturforscher interessierte er sich für die mannigfaltigen Gesteinsformen, denen man auf Wanderungen überall begegnet. Sie haben wunderliche Namen: Blockmeere, Felsenlabyrinthe, ja sogar Matratzenlager und Wollsäcke werden sie hier genannt. Besonders schöne Beispiele finden sich am Haberstein bei Bischofsgrün und auf der Platte nahe dem Silberhaus oberhalb von Tröstau. Das Luisenburg-Felsenlabyrinth bei Wunsiedel ist das größte seiner Art in Europa. Gut eine Stunde braucht man, um es zu durchwandern. Goethe war von diesem Naturphänomen begeistert.

Kräutertipp

Oregano bzw. Dost
(Origanum vulgare)

Vor allem als Pizzagewürz ist das Kraut bekannt, auch in Tomatensauce darf es nicht fehlen. Oregano ist aber nicht nur schmackhaft und würzig, seine ätherischen Öle und Bitterstoffe machen ihn auch zu einem Heilmittel bei Magen- und Darmbeschwerden. Bei Husten und Halsentzündungen entfalten diese Wirkstoffe ebenfalls ihre lindernde Wirkung. Im Mittelalter wurden ihm Kräfte zur Abwehr von Hexen und anderen bösen Mächten zugesprochen. Daher wurde Oregano im alten Aberglauben in den Brautschuh gelegt und im Brautstrauß eingebunden.

Die aromatischen Blüten des Oregano locken zahlreiche Schmetterlinge wie diesen Kleinen Fuchs an.

Haus der Kräuter
Kemnather Straße 3
95697 Nagel
Tel. +49 9236 98110 (Gemeinde)
www.kraeuterdorf-nagel.de
Öffnungszeiten: ganzjährig
Größe: 5500 Quadratmeter
Parkmöglichkeit vorhanden

Eintritt frei
Gastronomie: Kiosk im Duft-
und Schmetterlingsgarten
Teilweise barrierefrei
Führungen siehe Veranstaltungs-
programm im Internet

Besinnung auf die Schönheit der Schöpfung

»Gepriesen seist du, mein Herr, mit all deinen Geschöpfen.« Diese Strophe aus dem Sonnengesang des heiligen Franz von Assisi ist das Leitmotiv des Klostergartens der Franziskaner. Seit über 350 Jahren hegen die Patres diesen Hort der Gartenkultur; sie begegnen der Natur mit besonderer Achtung. Um auch die Mitmenschen in unserer modernen Zeit für die Natur zu sensibilisieren, kamen bei der Neugestaltung im Jahr 2009 neue Inhalte hinzu. Im Mittelpunkt stand aber immer, den Besucher dessen besondere Ruhe und Würde erfahren zu lassen.

So spürt der Besucher des Klostergartens auch heute, dass dies ein Ort der Besinnung und der Dankbarkeit für die Vielfalt und Schönheit der Schöpfung ist. In diesem Sinn wurden vier Gärten angelegt, die den Sonnengesang des heiligen Franziskus darstellen. Sie laden zum Betrachten und Besinnen ein. Den Garten der Gestirne symbolisieren Blumen wie Sonnenröschen, Sonnenbraut und Sonnenauge. Im Garten der Elemente Wasser und Wind gedeihen blau blühende Pflanzen und Gräser. Fackellilien versinnbildlichen das Element Feuer. Der vierte dieser quadratischen Gärten, in dessen Mitte Buchshecken ein Kreuz formen, steht für den Frieden. Dort sind Pflanzen beheimatet, die die Hoffnung auf Auferstehung verkörpern. Buchsbaum gilt in der christlichen Symbolik als Zeichen der Unsterblichkeit, genauso wie Efeu und Immergrün. Hinzu kommen besondere Marienpflanzen wie die Königskerze, die als Symbol für die Himmelfahrt Mariens steht oder die Madonnenlilie als Zeichen der Keuschheit.

Mit diesen Aspekten des Glaubens verbinden sich im Klostergarten die Themen Gartenbau und Heilpflanzenkunde. Gegenüber dem Obst-

Der Klostergarten neben der barocken Wallfahrtskirche setzt den Sonnengesang des heiligen Franziskus in Form unterschiedlichster Blumen und Pflanzen um (oben und linke Seite).

Roter Sonnenhut blüht im Apothekergarten (ganz oben), rotbackige Äpfel gedeihen im Obstgarten (darunter).

garten mit Bäumen, Gemüse und Blumen, die zum Schmuck der Kirche dienen, befindet sich der Apothekergarten. Er spielte in allen Klöstern zu allen Zeiten eine wichtige Rolle. Auch er hat eine quadratische Form und gleicht im Grundriss einem Schachspiel. Für jedes Kraut steht ein kleines Quadrat zur Verfügung. Die Pflanzen reihen sich nach den wichtigsten Indikationen aneinander. Ein Bereich ist der Wundheilung gewidmet, wo sich Schafgarbe, Beinwell, Ringelblume und Arnika finden. Außergewöhnlich, weil selten berücksichtigt, ist das Thema »Männerleiden«. Wichtige Heilpflanzen dafür sind das Kleinblütige Weidenröschen, der Steirische Ölkürbis und die Große Brennnessel.

Ein Viertel der Fläche des Heilpflanzengartens ist den Gewürzkräutern vorbehalten. Neben den gängigsten Arten findet man hier Süßdolde, Marokkanische Minze und Eberraute. Über alle Aspekte des Klostergartens und seine Pflanzen informiert eine Broschüre, die im Kloster erhältlich ist.

Ausflugstipp

Die Marktgemeinde Neukirchen beim Hl. Blut liegt an der Grenze zwischen Bayerwald und Böhmerwald. Seit Jahrhunderten ist der Wallfahrtsort Ziel einer der bedeutendsten bayerischen Marienwallfahrten. Sie steht in besonderer Beziehung zum benachbarten Böhmen: Der Legende nach versuchte ein Hussitenführer dort um 1420, eine Marienstatue mit einem Schwerthieb zu zerstören. Eine Bauersfrau aus dem böhmischen Dorf Loučim brachte die Skulptur aus der dortigen Kirche nach Neukirchen in Sicherheit. Es wurde beobachtet, dass aus dem Kopf der Marienstatue Blut tropfte, woraufhin der Ort später den Zusatz »beim heiligen Blut« erhielt. In einem einzigartigen Doppelaltar wird das Gnadenbild mit dem gespaltenen Haupt bis heute aufbewahrt. Die Kirche weist eine Besonderheit auf: Hinter dem Hochaltar öffnet sich die Klosterkirche der Franziskaner.

Kräutertipp

Gewöhnliche Nachtkerze
(Oenothera biennis)

Die Wildblume ist der »Speedy Gonzales« unter den europäischen Wildkräutern. Innerhalb von Sekunden blüht sie auf, fast wie im Zeitraffer – ein wunderbares Naturschauspiel! Doch sie entfaltet sich erst bei Einbruch der Dunkelheit. Dann verbreitet sie ihren betörenden Duft, der Nachtfalter anlockt. Nach der Bestäubung entwickelt sie unzählige Samenkapseln. Im Innern finden sich die winzigen Samenkörnchen, die einen wertvollen Inhaltsstoff bergen: Ihr Öl enthält Gamma-Linolensäure, die das Zellwachstum und die Zellregeneration fördert. Das macht das Nachtkerzenöl zu einer begehrten Zutat in Kosmetik. Weil es gereizte, juckende und trockene Haut beruhigt, wird es auch bei Neurodermitis eingesetzt.

Die zarten, gelben Blüten kann man übrigens essen. Sie schmecken köstlich und lassen sich zum Beispiel mit Frischkäse füllen oder als Dekoration auf Süßspeisen und Salaten verwenden – ein Genuss!

Die Nachtkerze mit ihren bis zu 200 verschiedenen Arten stammt ursprünglich aus Amerika, wurde aber schon vor Jahrhunderten in Europa als Zierpflanze eingeführt.

Franziskanerkloster Neukirchen b. Hl. Blut

Haus zur Aussaat
Klosterplatz 1
(Treffpunkt der Führungen)
93453 Neukirchen b. Hl. Blut
Tel. +49 9947 902885
www.neukirchen.bayern.de
Öffnungszeiten:
Der Garten kann nur im Rahmen einer Führung besucht werden.

Größe: 1,6 Hektar
Parkmöglichkeit vorhanden
Eintritt: 4 Euro
Keine Gastronomie
Barrierefrei
Führungen: von Mai bis Anfang Oktober Donnerstag und Sonntag um 16 Uhr

Kräuterkräfte entdecken und nutzen

Lust auf Verstecken spielen? Dann auf zum Wildkräutererlebnisacker der Familie Großmann! Hier sprießen die Stauden, dass es eine wahre Freude ist. Zweieinhalb Meter hohe Artischocken, ein Feld mit mannshoher Wilder Karde und dichte Büsche aus Beifuß! Schmale Schleichwege dazwischen machen das über 1000 Quadratmeter große Gelände abwechslungsreich und besonders für Kinder richtig spannend.

Wer wohl alles in der Schlehenhecke haust und im Holunderbusch Unterschlupf findet? Nicht nur unzählige Tiere und Insekten wie Wildbienen fühlen sich hier wohl, das Feld bietet auch mehr als 150 Pflanzenarten den perfekten Lebensraum. Kräuter finden die idealen Voraussetzungen für ein gesundes Wachstum. Es gibt flächendeckende Walderdbeeren, wuchtigen Rainfarn und einen regelrechten Fenchel-»Wald«. Es ist das reinste Kräuterparadies, das die großen und kleinen Gäste unter Anleitung von Manuela Großmann entdecken und mit allen Sinnen erfahren dürfen. Seit zehn Jahren bietet sie Führungen in ihrem wilden Garten an. Dafür hat sie eine Kräuterausbildung absolviert. Auf dem angegliederten Naturhof stellt die ehemalige Landwirtin, die heute auch als Phytotherapeutin tätig ist, Tee, Kräutersalz und Sirup her und bietet ihre Naturprodukte zum Verkauf an. Großmanns Wildkräuterhof ist Mitglied bei der Interessengemeinschaft Lernort Bauernhof in Bayern, und so gibt es zusätzlich zu den Kräutererlebnissen die unterschiedlichsten Attraktionen: Ein Barfußpfad lädt zum Ertasten ein, an der Mikado-Mulde ist die eigene Geschicklichkeit gefragt, und beim Kochen mit dem Parabolspiegel lässt sich die Kraft der Sonne hautnah erleben. Auf diese Weise können Jung und Alt die Natur in ihrer ganzen Vielfalt sehen, hören, fühlen, riechen

Bei Manuela Großmann wachsen fast alle Pflanzen zu mächtigen Sträuchern heran. Sowohl die Artischocke als auch die Wilde Karde und andere Kräuter fühlen sich auf dem Kräuterhof sichtbar wohl (linke Seite und oben).

Die Früchte der Schlehe werden erst nach einem Frost richtig schmackhaft.

und sogar schmecken. Denn nach der Führung laden regionale Köstlichkeiten, alte Obst- und Gemüsesorten und ein Kräuterbüfett zur Stärkung ein. Jeweils zum Sonntagskaffee oder zur Teevariation warten frisch gebackene Kuchen und Torten auf die Gäste.

Regelmäßig von Mai bis September laden Führungen, Workshops und Seminare in den Wildkräutergarten ein. Dabei kann man das Gelände und die Pflanzen erkunden und lernen, sich die Kräfte der Kräuter zum Beispiel in Form von Urtinkturen und getrockneten Vorräten nutzbar zu machen.

Ausflugstipp

Oberickelsheim liegt am südlichen Rand des Weinlandes Franken. Müller-Thurgau und Silvaner in der typischen Flaschenform, dem Bocksbeutel, sind hier zuhause. Bekannte Weinorte wie Ippesheim und Bullenheim liegen ganz in der Nähe, Iphofen ist gut 20 Kilometer entfernt. Über 7000 Winzer stellen in der Gegend um Maindreick und Mainviereck den beliebten fränkischen Rebensaft her. Weinstuben und Heckwirtschaften laden zur Einkehr bei einem Glas Wein direkt vom Erzeuger und zur typisch fränkischen, herzhaften Brotzeit ein. Doch auch die Quitte ergibt spritzige Seccos und feine Weine. In Untereisenheim werden alte Sorten rekultiviert, in Astheim gibt es einen Quittenlehrpfad.

Kräutertipp

Wilde Karde
(Dipsacus follonum)

Von ihrem Namen leitet sich ein Fachbegriff aus der Textilherstellung ab, das Kardieren. In früheren Jahrhunderten benutzten die Tuchmacher den getrockneten Blütenstand der Karde zum Aufrauen von Geweben aus Wolle und Baumwolle. Sie ist eine stattliche Pflanze mit stacheligen Stängeln. Außergewöhnlich ist ihr eiförmiger Blütenstand. Die kleinen lila Blüten öffnen sich in Form eines Rings, der von der Mitte nach oben und unten hin erblüht.

Eine Tinktur aus der Kardenwurzel empfiehlt der Ethnobotaniker Wolf-Dieter Storl im Rahmen einer Therapie zur Heilung von Borreliose. Erstaunlich ist: Der Blütenstand mit seinen gebogenen Hüllblättern sieht – verkehrt herum betrachtet – einer saugenden Zecke bemerkenswert ähnlich.

Mit ihren Stacheln ähnelt die Wilde Karde den Disteln, doch sie gehört zur Familie der Geißblattgewächse. Ihre ringförmig angeordneten Blüten entfalten sich im Juli und August.

Großmanns Wildkräuterhof
Untergasse 6
97258 Oberickelsheim
Tel. +49 9339 989233
www.wildkraeuterhof-grossmann.de
Öffnungszeiten: nur zu den Veranstaltungen (siehe Internet)
Größe: 1000 Quadratmeter

Parkmöglichkeit vorhanden
Eintritt: je nach Veranstaltung
Gastronomie vorhanden
Bedingt barrierefrei
Führungen und Workshops
siehe Internet

Heilpflanzen aus dem Burggraben

750 heimische Kräuter und Nutzpflanzen im historischen Kräutergarten und 1300 weitere heimische Gewächse – neben Blumen und Stauden auch Sträucher und verschiedene Baumarten – machen die weitläufige Burganlage in Pappenheim zu einem Kräutergarten der besonderen Art. Seit 1997 wird dort die jahrhundertealte Tradition der Historischen Gräflichen Hofgärten fortgesetzt.

Die Geschichte der Burg reicht bis ins 13. Jahrhundert zurück. Immer wieder wurde angebaut, umgebaut und erweitert. So erwartet den Besucher heute eine verwinkelte Anlage voller Ritterromantik. Dasselbe gilt für die Kräuterbeete: Es gibt nicht den Kräutergarten an einem Fleck, sondern überall in der Burg verteilt unterschiedliche Bereiche, die diese enorme Fülle an Pflanzen präsentieren. Dabei unterscheiden sich Kräutergarten und Wildpflanzengarten schon optisch voneinander. Gestutzte Buchsbaumhecken umgeben die 18 Beete des Kräutergartens, die streng nebeneinander aufgereiht sind. Hier wachsen nicht nur offizielle Heilpflanzen, es wurden auch Heilpflanzen der Volksmedizin berücksichtigt. Ins Auge springt sofort der Gelbe Eisenhut, als Giftpflanze durch einen Totenkopf auf rotem Schild gekennzeichnet. Er gehört zu den giftigsten Pflanzen in Europa. Giftig ist auch die Hundspetersilie, die man ebenfalls finden kann. Daneben entdeckt der Besucher Hopfen und Echten Alant, Echte und Römische Kamille, um nur eine minimale Auswahl aus dieser Vielfalt zu erwähnen. Spannend ist die Abteilung mit Zauberpflanzen wie Schwarzes Bilsenkraut und Tollkirsche als Bestandteile der Hexensalbe, mit der sich – nach altem Aberglauben – die Hexen vor ihrem Flug einrieben. Färbepflanzen, Gemüse, Getreide, Öl- und Hülsenfrüchte erweitern die Palette.

Der Kräutergarten mit Pflanzen der Volksmedizin und Gewächsen des Aberglaubens unterscheidet sich in seiner strengen Ordnung (oben) deutlich von dem Bereich der Wildpflanzen, der naturnah gestaltet ist (linke Seite).

Im Frühsommer blüht der Holunder. Seine aromatischen Blütendolden sind die Grundlage für köstliche Getränke wie Hollerschorle, Holundersirup oder Holundersekt (ganz oben). Entlang der Burgmauern entfalten sich die Kräuter des Wildpflanzengartens und bilden ein dichtes, grünes Geflecht (darunter).

Die Wildpflanzensammlung dagegen ist an der Befestigung durch Hölzer und Natursteinmauern erkennbar. Im Hauptburgzwinger finden sich sonnenliebende, im westlichen Burggraben eher schattensuchende Wildpflanzen. Alles wächst und blüht üppig, und man muss schon genau hinsehen, um die verschiedenen Arten auseinanderzuhalten, so zum Beispiel verschiedene Schachtelhalmarten, die sich hier gut miteinander vergleichen lassen. Man findet Maiglöckchen, Nachtkerze, Gundelrebe und vieles mehr. Ob dieser Fülle sehr empfehlenswert ist der Kauf des Pflanzenführers »Historischer Kräutergarten Burg Pappenheim« des Botanikers Klaus Huschik. Das Buch ist an der Burgkasse erhältlich und informiert über alle im Kräuter- und im Wildpflanzengarten vorkommenden Arten, ihre Geschichte, Wirkung und Verwendung. Damit ist man für eine Erkundung auf eigene Faust bestens gerüstet.

Unterhalb der Schalentürme beherbergt ein Beet mit Sorbusarten verschiedene heimische Vertreter der Mehlbeeren, zu denen neben der Vogelbeere auch die Elsbeere gehört. Im inneren Burggraben lockt ein Wildrosengarten und an den sonnenbeschienenen Mauerflächen der Vorburg der Historische Weingarten mit weinbergbegleitender Flora. In einem Feuchtbiotop werden die schützenswerten Wasserpflanzen des Altmühlbereichs kultiviert.

Ausflugstipp

Burg Pappenheim ist eine klassische Adelsburg mit allem, was dazugehört: Bergfried, Palas, Kapelle, Ringmauer, Torbau und Zwingeranlage. Vor- und Hauptburg sind heute durch eine Steinbrücke miteinander verbunden. Ergänzt wird die Anlage durch ein Natur- und Jagdmuseum, ein historisches Museum sowie eine mittelalterliche Folterkammer.

Besonders bekannt ist das stets am letzten Juniwochenende veranstaltete Tag- & Nachtturnier mit Mittelaltermarkt. Dabei geben sich die ehemaligen Herren zu Pappenheim die Ehre. Bei Fackelschein wird um Sieg oder Niederlage gerungen. Während dieser Zeit gleicht die Burg einem riesigen Heerlager mit Zelten und Marktbuden.

Kräutertipps

Gelber Eisenhut

(Aconitum lycoctonum)

Der botanische Name Aconitum kommt manchem vielleicht von homöopathischen Globuli bekannt vor. In solch minimalen Dosen, wie der hoch giftige Eisenhut darin vorkommt, wirkt er als Heilmittel, genau wie es Paracelsus formulierte: »Dosis sola venenum facit« (Allein die Menge macht das Gift).

Der ebenfalls verwendete Name Wolfseisenhut steckt auch im zweiten Teil seines botanischen Namens, der Wolfstöter bedeutet. Er verweist auf die Verwendung der Pflanze als altes Gift für Wolfsköder. Alle Eisenhutarten, wie auch der bekanntere Blaue Eisenhut, gehören zu den giftigsten Pflanzen, die in unseren Breiten wachsen. Die darin enthaltenen Alkaloide gelten als psychoaktiv in ihrer Wirkung. So soll Eisenhut eine Zutat mittelalterlicher Hexen- und Flugsalben gewesen sein, die Halluzinationen von Flügen auf dem Hexenbesen herbeiführten.

Den Gelben Eisenhut, er gehört zu den Hahnenfuß-gewächsen, sollte man nur betrachten, denn er ist besonders giftig.

Kräutergarten und Botanischer Garten Burg Pappenheim

Dr. Wilhelm-Kraft-Weg 15
91788 Pappenheim
Tel. +49 9143 83890
www.grafschaft-pappenheim.de
Öffnungszeiten: ab Beginn der bayerischen Osterferien bis Ende der bayerischen Herbstferien, 28. März bis 30. April sowie 1. Oktober bis 8. November täglich von 10–17 Uhr, 1. Mai bis 30. September täglich von 9–18 Uhr

Größe: 360 Quadratmeter (Historischer Kräutergarten) und ca. 1000 Quadratmeter weitere bepflanzte Flächen
Parkmöglichkeit vorhanden
Eintritt: Erwachsene 4 Euro, Kinder ab 6 Jahre 3 Euro
Gastronomie: Burgschänke, aktuell nicht verpachtet
Nicht barrierefrei
Führungen nur auf Anfrage

Tausend Kräuter, die die Erde uns schenkt

Das zierliche Eisentörchen, das den Weg freigibt, will so gar nicht zu dem Naturparadies passen, das sich dahinter ausbreitet. Der Besucher erwartet hier eher einen Ziergarten mit zurechtgestutzten Pflanzen, aber nicht dieses natürliche, zwei Hektar große Grundstück. Der Name »Naturhof Faßmannsreuther Erde« dagegen trifft es ganz genau.

Es war das Ziel der Gründungsmitglieder, das Bewusstsein der Menschen für Kräuter, Pflanzen und Bäume zu fördern. Im Naturhof sollten sie wieder eine Beziehung zur Natur und ein Gespür für den Wert der Schöpfung entwickeln. Die Idee von 2003 wurde zwei Jahre später in die Praxis umgesetzt. Mit einem Kräuterfeld aus Petersilie und Estragon, Salbei und Thymian, Ringelblumen und Malven, Eibisch und Engelwurz machten die Frauen des Vereins den Anfang. Beinahe 2000 Pflanzen verwandeln seither jeden Sommer das Feld in ein farbenprächtiges Blütenparadies.

Die Hauptattraktion ist der große Schaugarten, der inmitten von Blumenwiesen und Bäumen liegt. Hat man sich durch die üppig wachsenden Pflanzen seinen Weg ins Zentrum gebahnt, dann steht man im stimmungsvollen Kräuterkreis. Umgeben von hübschen Natursteinmauern wächst hier alles, was man gerne betrachtet, fühlt und riecht. 200 Kräuterarten wie Ysop, Kornblume, Hauhechel und Johanniskraut sind nach verschiedenen Themen gepflanzt. Man durchschreitet Rosenbögen, die dicht von Hopfen umrankt sind, und gelangt zu Ruheplätzen, von denen aus sich die Natur genießen lässt. Neben den Kräutern sind im Naturhof weitere Naturprojekte angesiedelt. Heimische Beerensträucher wie Himbeere, Brombeere und Johannisbeere werden gepflegt, in einer Wildfruchthecke gedeihen Weißdorn und Hagebutte und auf

Das gelungene Informationszentrum mit Kräuterladen wird für Seminare und Workshops genutzt (oben).
An der Pforte ahnt der Besucher noch nicht, welche ungeheure Fülle und Vielfalt an Kräutern sich dahinter verbirgt (linke Seite).

einer Streuobstwiese Äpfel und Birnen. Über die vom Aussterben bedrohte Flussperlmuschel, die in der Gegend heimisch ist, erhält man Informationen.

Im Hintergrund steht das Gebäude, das als Bildungs- und Informationszentrum dient. Dort können sich Besucher nicht nur über die unterschiedlichsten Umweltthemen schlau machen und Vorträge hören, sondern auch selbst aktiv werden. Es steht eine Lehrküche bereit, wo Erwachsene und Kinder bei verschiedensten Kursen Kräutersalben und Teemischungen herstellen oder Textilien mit Kräuterdrucken verzieren. Natürlich wird dort auch unter Anleitung der Faßmannsreuther Kräuterfrauen mit frischen Kräutern gekocht. Die würzigen Zutaten stammen direkt von den Beeten hinter dem Haus. Alle Kräuter werden dort biologisch angebaut. Sie sind auch Grundlage für die Salze, Essige, Öle und Liköre, die im Laden erhältlich sind.

Mit dem »KräuterErwachen« jedes Jahr Mitte Mai wird der Beginn der Pflanzzeit und der neuen Gartensaison gefeiert. Es werden Kräuterpflanzen für den eigenen Garten und selbst erzeugte Kräuter-Köstlichkeiten verkauft. Beim »Faßmannsreuther Kräutertag« Ende September lockt ein Erntefest mit einem großen Kräuter- und Naturmarkt. Im gesamten Jahreslauf gibt es ein umfangreiches Angebot vieler weiterer Veranstaltungen für Körper, Geist und Seele.

Ausflugstipps

Der Ort Selb, mit dem Auto eine Viertelstunde entfernt, ist ein Mekka für Porzellanliebhaber. Auf dem Gelände der ehemaligen Rosenthal-Fabrik ist ein einzigartiger Museumskomplex entstanden: das Porzellanikon, Europas größtes Spezialmuseum für das »weiße Gold«. Es umfasst neben Museen zur Porzellanherstellung und der technischen Keramik das Rosenthal-Museum. Auch beim Rundgang durch die Stadt trifft man Porzellan auf Schritt und Tritt: ob am Porzellanbrunnen, am Porzellan-

Die Wiesen-Flockenblume gehört zur Familie der Korbblütler. Ihre pinkfarbenen Blütenstände locken Bienen, Hummeln und Schmetterlinge in den Garten (oben). Der Naturhof Faßmannsreuther Erde hält viele Schätze der Natur bereit. Wild- und Würzkräuter wachsen in kreisförmig angelegten, steingefassten Beeten (linke Seite).

*Im Zentrum der Wildkräu-
terwiese entdeckt der
Besucher verschiedene
Kräuterbeete mit Goldrute,
Seifenkraut, Odermennig
und vielem anderem.
Auf schmalen Pfaden er-
reicht man Ruhebänke
inmitten einer beeindru-
ckenden Pflanzenvielfalt.*

Glockenspiel am Rathaus, im Porzellangässchen oder an der größten
Kaffeekanne der Welt; selbst Straßenschilder sind hier aus Porzellan.

Wen es hinaus ins Grüne zieht, dem sei ein Spaziergang durch den
Bürgerpark Theresienstein in Hof empfohlen. Die gesamte Anlage steht
als gartenbauliches Denkmal unter Denkmalschutz. In diesen Land-
schaftsgarten ist auch der Botanische Garten eingebettet. Als jüngste Abteilung gibt es dort einen Heilpflanzengarten.

Kräutertipp

Wilde Möhre
(Daucus carota)

Ab Juni »winkt« uns die Wilde Möhre mit ihren Blüten überall am Straßenrand zu. Ihre schöne Dolde hat ein untrügliches Kennzeichen: die »Mohrenblüte«. In fast allen Blütenständen sitzt genau in der Mitte eine dunkellila bis schwarze sogenannte Lockblüte, die nur dazu da ist, Insekten anzulocken, die sie bestäuben sollen. Wenn das passiert ist, dann entwickeln sich die Früchte, und die Blüte zieht sich wie ein kleines Nest zusammen – auch das ist typisch für sie.

Die Wilde Möhre ist übrigens die wilde Vorfahrin unserer Karotte. Die Rübe ist weiß und nur fingerdick, aber man kann sie ebenfalls essen, am besten gekocht. Auch das Kraut – es schmeckt möhrenähnlich und sieht auch so aus – und die Blütenstände sind essbar. Legt man beides in einen guten Weinessig ein und lässt das Ganze etwa drei Wochen ziehen, erhält man einen sehr würzigen Kräuteressig, der zudem dekorativ aussieht. Mit einem Schuss davon sowie fein gehacktem Kraut der Wilden Möhre lässt sich ein schmackhaftes Salatdressing herstellen.

Typisch Wilde Möhre: Die dunkle Lockblüte in der Mitte hilft, sie von anderen weißen Doldenblütlern zu unterscheiden. Geht man nach der Signatur der Pflanze, also nach ihrer Gestalt, so hilft sie den Menschen, sich zu zentrieren und auf die innere Mitte auszurichten.

Naturhof Faßmannsreuther Erde e. V.

Faßmannsreuth 142
95111 Rehau
Telefon: +49 9294 975474
www.fassmannsreuther-erde.de
Öffnungszeiten: 15. Mai bis
30. September Mittwoch, Donnerstag, Freitag von 14–18 Uhr, Samstag
von 13–17 Uhr; 1. Oktober bis
14. Mai Donnerstag und Freitag von 14–18 Uhr; Januar und

Februar geschlossen (Gruppen nach
Vereinbarung auch außerhalb
der Öffnungszeiten)
Größe: 2 Hektar
Parkmöglichkeit vorhanden
Eintritt: 2,50 Euro
Keine Gastronomie
Barrierefrei
Führungen siehe Internet

Auf den Spuren eines Apothekers

Ein Apothekergarten fast wie vor 200 Jahren verbirgt sich, nicht weit von der Stadtkirche St. Nikolaus entfernt, hinter Hainbuchenhecken im Riedergarten. An diesem Ort befand sich schon der private Kräutergarten des früheren Stadtapothekers und Pflanzensammlers Johann Rieder. 1729 hatte er begonnen, einen Teil seiner Kräuter für die Rieder'sche Alte Apotheke dort selbst zu ziehen. 2010 wurde der Riedergarten – und als dessen Herzstück der Apothekergarten – für die Landesgartenschau als städtischer Park neu angelegt.

150 verschiedene Pflanzenarten sind heute wieder hier zu sehen und erinnern an das historische Vorbild. Es wurden bei der Neuanlage ausschließlich Heilkräuter gepflanzt, die auch heute noch medizinisch verwendet werden. Der Garten will damit Interessierten die vielen Möglichkeiten zeigen, wie man mit den richtigen Kräutern seiner Gesundheit Gutes tun kann. Auf dem Grundriss eines Kreuzes gruppieren sich die zehn Beete um eine Sonnenuhr in der Wegkreuzung. Jedes dieser Beete ist einer speziellen Indikation gewidmet. Dabei wurde Wert auf eine abwechslungsreiche Gestaltung gelegt, denn jede Abteilung vereint Gewächse unterschiedlicher Höhe. Neben krautigen Pflanzen gibt es auch Sträucher und niedrige Bäume, deren Heilkraft erprobt ist.

Zur Behandlung von Erkrankungen von Herz und Kreislauf bietet der Rosenheimer Apothekergarten als traditionelle Heilpflanze Herzgespann an, aber auch den giftigen Fingerhut, von dem man allerdings bei der Selbstmedikation die Finger lassen sollte. Bei Magen- und Darmbeschwerden ist, wie seit Jahrhunderten in der Volksheilkunde, auch heute noch die Schafgarbe das Mittel erster Wahl. Zu den altbekannten Heilkräutern

Der Wundklee ist eine alte Heilpflanze. Im schön gestalteten und zehn Abteilungen umfassenden Apothekergarten gleich hinter der St. Nikolauskirche hat er seinen Platz bei den Kräutern mit der Indikation »Haut« (oben und linke Seite).

102. Umbelliferae!
V. 2.

369.
Aegopodium Podagraria L.   Gemeiner Giersch.

zählt ebenfalls das Johanniskraut. Nicht nur heute ist seine antidepressive Wirkung erwiesen, schon im Mittelalter setzte man bei »Melancholie« auf die sonnengelb blühende Pflanze. Sie sprießt im Beet mit der Indikation Nervenbeschwerden gleich neben Hopfen, Baldrian und Melisse. Dass Brennnesseln ein probates Mittel gegen Rheuma sind, weiß man im Allgemeinen, genauso wie übrigens Giersch. Von vielen als lästig wucherndes Unkraut verdammt, hat jedoch auch er diese Heilwirkung. Sogar er findet im Apothekergarten seinen Platz im Rheuma-Beet.

In Rosenheim sind die Beete einmal nicht mit dem üblichen Buchsbaum eingefasst, sondern mit dem saftig grünen Gamander. Er bildet sehr hübsche, niedrige Hecken, dicke Lavendelbüsche markieren die Eckpunkte. Und wer schon immer wissen wollte, wie die Pflanze aussieht, die alle Jeans dieser Welt färbt, findet auch sie im Apothekergarten: Indigo. Dessen Gestalt und Blüten ähneln auf den ersten Blick der Lupine.

Bei den Rheumapflanzen im Garten findet sich mit dem Giersch ein »alter Bekannter« ein, den Freunde von Ziergärten in ihren Beeten nicht sonderlich schätzen, denn er breitet sich gerne ungehemmt aus (oben).
Sitzbänke laden zum Betrachten der grünen Vielfalt und zum Entspannen ein (rechte Seite).

Ausflugstipp

Nicht weit vom Garten entfernt präsentiert sich am Ludwigsplatz ein markantes Apothekenhaus – ein Muss für alle Kräuter-Interessierten. Die Mauern des über 400 Jahre alten Patrizierhauses beherbergen seit 1742 die Rieder'sche Alte Apotheke. Neben dem steinernen Gewölbe gibt es dort einen alten hölzernen Aufzug, der den einst riesigen Kräuterspeicher mit Drogen, also pflanzlichen Arzneien, versorgte. Im »Kräuterkammerl« finden Kräuterliebhaber alles, was das Herz begehrt: 400 verschiedene Kräuter, Teemischungen, Salben und Tinkturen nach überlieferten Rezepten, Hildegard von Bingen-Medizin, erlesene ätherische Öle und vieles mehr. Das kulturelle Herz der Stadt Rosenheim schlägt im Lokschuppen, der für seine Sonder- und Landesausstellungen bekannt ist. Für Pflanzenfreunde lockt 2015 der »Regenwald«.

Kräutertipp

Echtes Herzgespann
(Leonurus cardiaca)

Die kräftige Pflanze gehört zur Familie der Lippenblütler und gilt in Deutschland teilweise als gefährdet. Ihr zweiter Name ist Löwenschwanz. Er leitet sich vom botanischen Namen ab und geht wohl auf die Form seiner Blätter zurück. In alten Kräuterbüchern ab dem späten Mittelalter wird Herzgespann bei Herzbeschwerden und »Engbrüstigkeit« empfohlen. Diese Heilwirkung geriet aber im Lauf der Zeit in Vergessenheit. Herzgespann wirkt aber nicht nur auf das Herz, sondern auch bei Hitzewallungen und Nervosität. Dazu wird das Kraut während der Blüte als Tee oder als Tinktur zubereitet. Während der Schwangerschaft und Stillzeit sowie bei Kindern unter zwölf Jahren darf es nicht verwendet werden.

*Wie sein Name schon verrät, ist das Herzgespann ein altes Heilmittel bei Herzbeschwerden (oben).
Den Mittelpunkt des Gartens mit seinen kreuzförmig verlaufenden Wegen markiert eine Sonnenuhr mit Äskulapnatter als Motiv (linke Seite).*

Apothekergarten im Riedergarten

Königstraße 15
83022 Rosenheim
Tel. +49 8031 3651681
(Umwelt- und Grünflächenamt)
www.alteapotheke-rosenheim.de
Öffnungszeiten: ganzjährig
Größe: 526 Quadratmeter

Parkmöglichkeit: Ludwigsplatz
Eintritt frei
Gastronomie in der Altstadt
Barrierefrei
Führungen nur für Gruppen
auf Anfrage bei der Rieder'schen
Alten Apotheke

Der berühmte »Hortulus« in natura

Außergewöhnlich ist der kleine Klostergarten im mittelfränkischen Roßtal, denn dort wurde frühmittelalterliche Poesie gärtnerisch umgesetzt. Die Anlage folgt dem berühmten Lehrgedicht »Liber de Cultura Hortorum« (lateinisch für Buch über den Gartenbau) des Walahfrid Strabo, das meistens kurz »Hortulus« genannt wird. Der ehemalige Abt des Klosters Reichenau schrieb das Werk über Gartenarbeit sowie Heil- und Nutzpflanzen um das Jahr 840 auf der Insel im Bodensee nieder.

Wie kommt nun ausgerechnet der Hortulus nach Roßtal, das gar kein Kloster hat? Zahlreiche Funde belegen dort eine frühmittelalterliche Großburg »urbs horsadal«, die im Jahr 945 erstmals erwähnt wird. Archäologen gehen davon aus, dass dort auch ein Kloster entstehen sollte. Der »Klostergarten« soll an diese karolingischen Ursprünge erinnern.

Damals waren die Benediktinerklöster sowohl die medizinischen Zentren als auch die Zentren der Gartenkultur. Die Mönche und Nonnen bauten sowohl Nahrungspflanzen als auch Heilkräuter zur Versorgung ihrer Gemeinschaften und der Bevölkerung an. Da aus diesen Zeiten keine Gartenanlagen erhalten sind, stützt man sich auf zwei wichtige Quellen, die über die damals genutzten Pflanzen Aufschluss geben. Die eine ist die Landgüterverordnung Karls des Großen, »Capitulare de Villis«, die um 812 verfasst wurde. Sie nannte u. a. 73 Nutz- und Heilpflanzen und diente als Grundlage für den Anbau in kaiserlichen Gütern und Klöstern. Die andere ist das Lehrgedicht des Walahfrid Strabo. In 444 Versen hielt er sein Wissen über 24 Arten fest, die auch im »Capitulare« verzeichnet sind. Er schilderte Interessantes über deren Aussehen, Anbau und Heilwirkung. Deshalb geht man davon aus, dass er selbst die Pflanzen bei der

Klein, aber fein. Das gilt für den Roßtaler Klostergarten, der hinter dem Museumshof und nahe der St. Laurentiuskirche liegt. Eine niedrige Buchsbaumhecke umgibt sein Geviert (oben und linke Seite).

VIII,5 oder X.5.

79. Rutaceae.

322. Ruta graveolens L.

Weinraute.

Die Weinraute ist mit ihren blaugrünen Blättern und gelbgrünen Blüten eine attraktive Pflanze, die heute fast nur noch dekorativ verwendet wird.

praktischen Gartenarbeit beobachtet und sie aus eigener Anschauung beschrieben hatte.

Eine bildliche Vorstellung von Walahfrids Garten bekommt man bei der Betrachtung des weltberühmten St. Galler Klosterplans. Er ist die älteste überlieferte Architekturzeichnung des Abendlandes und wird in der Stiftsbibliothek St. Gallen aufbewahrt. Sie entstand wenige Jahre vor dem Hortulus im Skriptorium des Klosters Reichenau im Jahr 819 oder um 827/830. Walahfrid Strabo war dort von 838 bis 849 Abt und dürfte daher diese Grundrisszeichnung eines idealen Klosterkomplexes mit allen Gebäuden, Plätzen und Gärten gekannt haben. Interessant ist, dass auch ein Kräutergarten eingezeichnet ist: Er befindet sich in der oberen Ecke direkt neben Spital und Ärztehaus. So blieb es auch in späteren Klosteranlagen – die heilsamen Kräuter waren stets in Nähe der Kranken griffbereit. Die insgesamt 16 Beete liegen in zwei Reihen zu jeweils vier rechteckigen, länglichen Beeten. Von acht weiteren langgestreckten Beeten wird das Geviert umgeben. Pro Beet wurde nur eine einzige Art angebaut, um Verwechslungen zu vermeiden, und in jedem ist der Pflanzenname eingetragen. Nach diesem Muster wurde 1991 auf der Reichenau der Klostergarten auch wieder angelegt.

Der Klostergarten in Roßtal entstand im Jahr 2004 anlässlich der 1050-Jahr-Feier. 2012 erweckte ihn der Heimatverein Roßtal aus seinem Dornröschenschlaf. Seither pflegt ihn Reinhard Baumann mit liebevoller Hand. Die Abmessungen basieren auf dem damals üblichen karolingischen Fuß, der einer Länge von 33,32 cm entspricht. Der Grundriss rich-

*Jeder Pflanze ist ein geson-
dertes Beet gewidmet, ganz
so, wie es der Klosterplan
von St. Gallen vorsieht.
In Roßtal gehört jeweils eine
Tafel mit dem entsprechenden Vers aus dem »Hortulus«
in Lateinisch und in deutscher Übersetzung dazu.*

tet sich nach dem St. Galler Klosterplan, doch es sind einige Beete mehr,
um alle 24 Pflanzen des Hortulus unterzubringen. Bei den Beetumran-
dungen wurde direkt auf dessen Autor vertraut, der sie so beschrieb: »Und
ich umfasse mit Holz es im Viereck, damit es beharre, über dem ebenen
Boden ein wenig höher gehoben.« Die Bepflanzung geht ebenfalls auf den
Reichenauer Abt und sein Lehrgedicht zurück: Salbei, Weinraute, Eber-
raute, Flaschenkürbis, Melone, Wermut, Andorn, Fenchel, Schwertlilie,
Liebstöckel, Kerbel, Lilie, Schlafmohn, Muskatellersalbei, Frauenminze,
Poleiminze, Sellerie, Heil-Ziest, Odermennig, Rainfarn oder Schafgarbe,
Katzenminze, Meerrettich oder Garten-Rettich und Rose sprießen hier.
Nur die Melone wurde durch Eisenkraut ersetzt, da die Frucht in unserem
Klima nicht gedeiht.

Interessant ist die Beschriftung aller Pflanzen mit dem jeweiligen
Text aus dem Hortulus in deutscher Übersetzung. So heißt es dort zum
Beispiel über den Rettich: »Hier der Rettich mit mächtiger Wurzel und
von seiner Blätter breitem Dach überhöht, ist im letzten der Beete zu sehen. Ziemlich scharf ist die Wurzel, gegessen besänftigt sie aber Husten,
der dich erschüttert, und Trank aus zerriebenen Samen heilet gar oft das
Leiden derselben verderblichen Krankheit.« Das entspricht auch der heutigen Verwendung. Als Ergänzung dazu ist überall eine Beschreibung
weiterer medizinischer Anwendungsmöglichkeiten zu lesen.

Eine Übersichtstafel am Rand des Gartens gibt Aufschluss über die symbolische Bedeutung einiger Pflanzen. Blickt man vom Osten des Gartens nach Westen, so befinden sich an dessen Ende Lilien und Rosen. Während die Lilie die »Himmelskönigin« Maria und die Herrlichkeit Christi symbolisiert, steht die Rose als Sinnbild des Martyriums Christi und des Paradieses. Rose und Lilie befinden sich also bewusst in direkter Nachbarschaft. Zudem erinnert die Anlage mit den zwei Hauptwegen an das lateinische Kreuz.

Der Garten liegt auf dem Areal des heutigen Museumshofes. Zusammen mit den Fachwerkgebäuden eines ehemaligen Bauernhofes und dem hoch aufragenden, spätmittelalterlichen Turm der schönen Pfarrkirche St. Laurentius wirkt das Anwesen tatsächlich wie ein Kloster.

Die Anlage ist nicht wirklich ein Klostergarten, sondern erinnert daran, dass in karolingischer Zeit wohl auch ein Kloster geplant war.

Ausflugstipp

Eine der mächtigsten Burganlagen Bayerns erhebt sich im nahen Cadolzburg. Imposant ragt die Hohenzollernburg über einer steilen Felsnase auf. Bis 2017 wird sie zu einem Museum mit Erlebnischarakter ausgebaut, das das Leben auf einer Burg im Spätmittelalter lebendig werden lässt. Bis dahin werden von März bis Oktober an Sonn- und Feiertagen um 14 Uhr Führungen angeboten. Sehenswert ist auch der ummauerte Burggarten mit historischen Getreidearten neben der Pferdeschwemme. Hafer ist heute noch recht bekannt, doch wie sehen Färberamaranth, Inkareis oder gar Hiobsträne aus? Hier lassen sich solche Raritäten entdecken. Umrandet werden die Getreidefelder von unterschiedlichen Wild- und Würzkräutern wie Kümmel, Fenchel oder Schabzigerklee.

Die Burg ist alljährlich in den Sommermonaten Schauplatz der Cadolzburger Burgfestspiele. Dann werden eigene Musicalproduktionen aufgeführt, extra für den Spielort in heimischer Mundart geschrieben.

Kräutertipp

Muskatellersalbei
(Salvia sclarea)

Eine imposante Erscheinung ist der Muskatellersalbei nicht nur wegen seiner stattlichen Größe, sondern auch wegen seiner beeindruckenden Blütenstände. Er gehört zur Familie der Lippenblütler und ist daher reich an ätherischen Ölen. Deswegen hat man ihn wohl früher zur Aromatisierung von Wein verwendet. Seine Blätter und Blüten sind roh oder gekocht essbar. Sie lassen sich in Bierteig getaucht in heißem Öl frittieren – ein schmackhafter Snack. In seiner Heilwirkung ähnelt er dem Echten Salbei, das heißt. er ist bakterien- und virenhemmend. Darüber hinaus fördert er die Verdauung und bekämpft übermäßiges Schwitzen. Hierfür wird dreimal täglich eine Tasse Tee getrunken. Bei Hals- und Rachenentzündung gurgelt man damit. Auch bei Mundgeruch ist Salbei ein probates Mittel: einfach ein frisches Blatt kauen. Man sollte Salbei innerlich nicht länger als vier Wochen am Stück anwenden und ihn nicht zu hoch dosieren. Während der Schwangerschaft ist Vorsicht geboten.

Der Blütenstand des Muskatellersalbeis ist ein wahres Prachtstück und jede seiner kleinen Blüten ein kleines Meisterwerk der Natur.

Klostergarten im Museumshof

Schulstraße 13
90574 Roßtal
Tel. +49 9127 579788
www.heimatverein-rosstal.de
Öffnungszeiten:
jederzeit frei zugänglich

Größe: 150 Quadratmeter
Parkmöglichkeit im Ort
Eintritt frei
Keine Gastronomie
Barrierefrei
Keine Führungen

Brunnenhaus

Heimatmuseum

Historische
Pumpanlage
erbaut um 1700

Ein romantisches Ensemble aus Stein und Kräutern

Schon von weitem sieht man den Turm mit seiner barocken Walmhaube auf einem Bergrücken am Stadtrand. Schnurgerade führt eine schmale Straße darauf zu. Aus der Entfernung wirken die grauen, schmucklosen Mauern fast ein wenig abweisend. Doch sobald man unmittelbar vor der Anlage steht, entpuppen sich Brunnenhaus und benachbarter Kräutergarten als idyllisches und sehr einladendes Ensemble mit herrlichem Ausblick.

Das Brunnenhaus mit Turm ist ein einmaliges Kulturdenkmal. Im Innern befindet sich die Historische Ochsentretanlage. Jahrhundertelang versorgte die 1702 vom Nürnberger Brunnen- und Röhrenmeister Martin Löhner erbaute Pumpanlage das 1,5 Kilometer entfernte Schloss der Fürsten zu Hohenlohe mit Wasser. Ochsen hielten als Muskelkraftmotoren auf der schrägen Tretscheibe das Pumpwerk laufend in Gang und beförderten das Nass nach oben. Aus dem Hochbehälter des Wasserturms floss es dann in unterirdischen Holzröhren direkt ins Schloss. Diese Pumpanlage ist eines der bedeutendsten technischen Kulturdenkmäler im deutschsprachigen Raum und kann im Brunnenhausmuseum besichtigt werden.

Hinter dem geduckten Brunnenwärterhaus mit dem langgezogenen Ochsenstall liegt der schöne Kräutergarten. Er wurde 2001 mit finanzieller Unterstützung dreier Apotheken angelegt und zum Fest »300 Jahre Brunnenhaus« im folgenden Jahr eingeweiht. Als Grundriss diente der Kräutergarten im St. Galler Klosterplan. Dieser ist die früheste Darstellung eines idealen Klosterbezirks, entstanden im 9. Jahrhundert im Kloster Rei-

Der Kräutergarten am Brunnenhaus ist einladend und verlockt, die vielen gut gepflegten Gewächse näher zu betrachten (oben und linke Seite).

170

chenau. Heute ist die Zeichnung im Besitz der Stiftsbibliothek St. Gallen. Der im Klosterplan eingezeichnete kleine Kräutergarten besteht aus acht schmalen, rechteckigen Beeten, die in zwei Reihen angeordnet und von acht weiteren langgestreckten Beeten umgeben sind. So auch der Garten in Schillingsfürst. Hier werden Frauenmantel, Kürbis, Ysop und Alant von den Mitgliedern des Heimatvereins sorgfältig gepflegt. Sie kümmern sich auch um einige giftige Gewächse wie Maiglöckchen und Eisenhut. Aufgelockert werden die Beete durch heilkräftige Bäume wie Weißdorn, der die Durchblutung des Herzens fördert, und Gingko, der die Gehirnleistung stärkt. Besonders liebevoll ist die Beschilderung aller 60 Pflanzenarten: Von Hand beschriftete Tontöpfe mit aufgesetzten Schneckenhäusern geben Namen und Wirkung an.

Ausflugstipp

Schloss Schillingsfürst gilt als eine der glanzvollsten Barockanlagen Süddeutschlands. Von 1723 bis 1750 ließ der damalige Fürst Philipp Ernst zu Hohenlohe-Schillingsfürst die Dreiflügelanlage mit Ehrenhof erbauen. Die Repräsentationsräume zeigen erlesene Möbel, Porzellan und Bilder. Vor allem die kunstvollen Stuckverzierungen mit Bandelwerk und Allegorienreliefs faszinieren die Besucher. Jüngere Gäste begeistern sich für die Flugvorführungen von Falken, Adlern, Geiern und Milanen, die im angegliederten Falkenhof gezeigt werden.

Kräutertipp

Gemeine Schafgarbe
(Achillea millefolia)

Mit ihren zarten, gefiederten Blättchen ist die alte Heilpflanze schon im zeitigen Frühjahr gut zu erkennen,
lange bevor der zähe Stängel Blüten entwickelt. Die cha-
rakteristische Form der Blätter ist auch für den Namen
»Augenbraue der Venus« verantwortlich. Das gerbstoff-
reiche Kraut gilt mit seinen blutstillenden und krampf-
lösenden Eigenschaften als typisches Frauenheilkraut.
Auch als Bauchwehkraut ist es bekannt; Tee der Schafgarbe verschafft Linderung dank der enthaltenen Bitterstoffe und der schmerzstillenden Salicylsäure. Übrigens:
Auch Schafe fressen bei Koliken gerne davon. Und in einem frischen Wildkräutersalat sind junge Schafgarben-
blättchen eine Delikatesse.

*Rosa gefärbte Blüten sind
bei der meistens weiß blühenden Schafgarbe selten.
Es heißt aber, gerade diese
seien besonders heilkräftig.*

Kräutergarten am Brunnenhausmuseum

Brunnenhausweg 25
91583 Schillingsfürst
Telefon: +49 9868 5889
www.brunnenhausmuseum.de
Öffnungszeiten: Garten durchgehend
(Museum: 1. April bis 31. Oktober,
Dienstag bis Freitag: 14–17 Uhr;
Samstag, Sonntag und an Feier-
tagen: 13–18 Uhr,
Montag geschlossen)

Größe: 200 Quadratmeter
Parkmöglichkeit vorhanden
Eintritt: Garten frei,
Museum 3 Euro
Keine Gastronomie
Garten barrierefrei,
Museum bedingt barrierefrei
Keine Führungen im Garten,
Brunnenhausführung im
Eintrittspreis enthalten

Ein Gartenreich für alle Sinne

Wer den Weg durch das alte Sandsteinportal mitten im Ort nimmt, wird von einem bunten Gartenreich überrascht, das auf einem lang gestreckten Grundstück bis zum kühlen Ehenbach reicht. Willi Meier, die »grüne Seele« des Kräutergartens, und seine Kollegen vom Obst- und Gartenbauverein haben darauf einen Traum von einem Garten verwirklicht, der Erlebnisse für alle Sinne verspricht. Wer nicht nur sehen, sondern auch riechen, fühlen und schmecken will, ist hier am rechten Ort.

Die Fülle der Natur begreifen kann nur, wer sie mit Händen und Füßen erlebt. Auf diesem Gedanken basiert das Konzept des Kräutergartens Schnaittenbach, der sich seit 2007 in neuer Gestaltung präsentiert. Experimentierfreudigen Besuchern werden »Handicap-Binden« zum Ertasten der Pflanzen angeboten. Vier Hochbeete bilden den »Blinden- und Behindertengarten«. Hier wächst die stachelige Latschenkiefer neben dem samtigen Wollziest und lassen die Menschen den Unterschied zwischen beiden ertasten und erfühlen. Gleichzeitig können sie mit verbundenen Augen versuchen, Zitronenmelisse und Thymian am Duft zu unterscheiden.

Auch als Barfußpfad darf der Garten mit seinen verschiedenen Untergründen ausprobiert werden, und mit jedem Schritt eröffnen sich wieder neue, mit viel Liebe und Fantasie geschaffene Bereiche. Ein kleiner Hildegard-Garten versammelt vier buchsgesäumte Beete rund um eine Bronzeplastik der heilkundigen Heiligen. Am Rand der gesamten Anlage reihen sich die Beete mit Heilpflanzen aneinander. Sie sind nach ihren Heilwirkungen gruppiert. Dort gibt es auch seltene Pflanzen zu entdecken, zum Beispiel den duftenden Myrthenkerbel, das Marienblatt oder den Jiaogulan. In der Tradition der Bauerngärten gedeihen

Zwischen Pergolen, Hildegard-Garten und historischen Mauern kann man bummeln und auf Entdeckungstour gehen, um geschützte Pflanzen, wie zum Beispiel den Gelben Enzian, kennenzulernen (oben und linke Seite).

Mit immer wieder neuen, kreativen Gartenideen überraschen die Gärtner in Schnaittenbach – hier verschiedene Arten von Hauswurz und anderen Dickblattgewächsen buchstäblich im Topf.

unter Obstbäumen Salat, Kümmel und Fenchel. Überall warten Überraschungen: verträumte Wichtel, ein Holzkarren voller Geranien, ein ausrangierter Herd mit Sukkulenten, ein bemoostes Fahrrad.

Zum Konzept des Erlebens mit allen Sinnen gehört das schattige Kräuterstüberl, wo sich Besucher im Sommer mit Hollerbowle oder Hollerschorle erfrischen können. Hier leitet das Kräutergarten-Team auch beim Binden von traditionellen Kräuterbuschen an, und wer Probleme mit seinen Pflanzen hat, kann den Rat des Pflanzendoktors einholen.

Ausflugstipp

Weithin sichtbar erhebt sich über Hirschau-Schnaittenbach der 120 Meter hohe weiße Monte Kaolino. Der Berg entstand durch die Lagerung von kaolinhaltigem Quarzsand, der ein Abfallprodukt des Kaolinabbaus ist. Schon seit den 1950er Jahren wird der Berg zum Skifahren genutzt. Alljährlich finden auf der 260 Meter langen und rund 35 Grad steilen Abfahrtsstrecke internationale Meisterschaften im Sandski- und Sandboardfahren statt. Auch Kletterer können den Gipfel erklimmen. Rund um den Monte Kaolino ist ein Freizeitpark mit Dünenfreibad, Campingplatz, Bergbahn, Aussichtsplattform, Sonnenterrassen und Wasserspielplatz entstanden. Die Kaolingruben tragen das offizielle Gütesiegel »Bayerns schönste Geotope«.

Kräutertipp

Jiaogulan
(Gynostemma pentaphyllum)

Die Kletterpflanze aus Asien, deren Name »Dschiau-gu-lan« ausgesprochen wird, gilt unter Kräuterexperten schon beinahe als Wundermittel. Der Tee aus den Blättern wirkt als Anti-Aging-Mittel, senkt die Blutfettwerte, wirkt antioxidativ, beugt Arteriosklerose vor, stärkt das Immunsystem und unterstützt die Leberfunktion – kurzum, Jiaogulan ist ein Tausendsassa in der Phytotherapie. Nicht umsonst wird er »Kraut der Unsterblichkeit« genannt. Für einen kleinen Energiekick zwischendurch kann man die knackig-frischen Blättchen direkt von der Pflanze naschen. Sie schmecken leicht nach Lakritze.

Die Blätter des Jiaogulan sind von kräftig grüner Farbe, gefingert und haben auf der Oberseite Borsten.

Kräutergarten Schnaittenbach
Rosenbühlstraße 1
92253 Schnaittenbach
Tel. +49 9622 70250
(Stadt Schnaittenbach)
www.kraeutergarten.schnaitten-bach.de
Öffnungszeiten:
Mai bis Oktober täglich geöffnet
von 8–20 Uhr
Größe: 3000 Quadratmeter

Parkmöglichkeit im Ort
Eintritt frei
Gastronomie: Getränke, Kaffee und Kuchen
Barrierefrei
Führungen für Gruppen auf Anfrage unter Tel. 09622 703751 (Kräutergarten) oder unter 09622 1224 (Willi Meier)

In tiefer Verbundenheit mit der Natur

»Wir spüren eine tiefe Verantwortung für die Erde und ihre Kinder.« So ist nachzulesen im Programmheft des artemisia-Kräutergartens. Diese Verantwortung bezieht sich nicht nur auf die Tiere und die Menschen, sondern auch auf die Pflanzen und Wesenheiten, die uns begleiten. Zu deren Wohlbefinden möchten alle, die dort arbeiten, beitragen. Dieses Anliegen spürt der Besucher auf Schritt und Tritt.

Wer das schlichte, blau gestrichene Tor durchschreitet, fühlt sich in eine andere Welt versetzt. Ein Gefühl der Ruhe und Entschleunigung macht sich breit und lässt den Gast aus unserer immer hektischer drehenden Welt förmlich abtauchen. An einem kleinen Tempel gleich links am Wiesenweg kann man innehalten. Beim Blick durchs offene Fensterchen entdeckt man einen Schrein, der dem elefantenköpfigen Gott Ganesha geweiht ist, dazu Räucherwerk, bunte Götterbilder und Blumen. Es geht bergab, vorbei an in Holz geschnittenen Strophen des Sonnengesangs, das berühmte Gebet des heiligen Franz von Assisi. Es preist die Schönheit der Schöpfung und dankt Gott dafür. Dankbarkeit und Verbundenheit mit dem

Inmitten einer überwältigenden Kräuterfülle finden sich tibetische Gebetsfahnen, Schreine und Altäre (oben und linke Seite).

Göttlichen sind es auch, die Tilman Schlosser empfindet. Er hat seinen artemisia-Kräutergarten seit 1997 aufgebaut. Seither ist alles in Bewegung, entwickelt sich weiter. Hier gibt es Buddhistisches, Hinduistisches, Christliches, aber auch Künstlerisches zu entdecken. »Es ist ein offener Platz, und jeder kann hier mit denjenigen Bildern in Resonanz gehen, die ihn besonders ansprechen«, erklärt Schlosser sein Gartenkonzept.

Die Altäre, Schrifttafeln, Gebetsfahnen und Gedenksteine erheben sich inmitten eines wogenden Meeres an Kräutern. Hier gibt es keine abgezirkelten Beete, keine ordentlich aufgereihten Pflanzen, keine Schilder.

Entlang des Weges fordern in Holz geschnittene Strophen aus dem Sonnengesang des heiligen Franziskus den Besucher zum Innehalten auf (oben). Vom Teich mit steinerner Buddhastatue aus kann der Besucher die einzigartige Landschaft, in die der Garten eingebettet ist, genießen (rechte Seite).

Hier fließt alles ineinander: Malven und Sonnenblumen, Kapuzinerkresse und Mohn, Salbei, Engelwurz und Schafgarbe.

Es ist ein herrliches Gelände, das sich den Hügel hinabzieht. Man kann durch eine ganze Wiese voller Blutweiderich streifen. Mitten im saftigen Grün dann ein Teich, an dessen Ufer ein steinerner Buddha im Lotossitz ruht. Auf dem Holzsteg kann sich der Besucher niederlassen, es ihm gleich tun und beim Blick in die Allgäuer Bergwelt zur Ruhe kommen.

Ein Stück weiter leuchtet ein Feld voller Buchweizen im zarten Rosa der Blüten und im kräftigen Rot der Stängel. Blaue Kornblumen bilden einen großen Kreis um ein »Tipi« aus bewachsenen Bohnenstangen. Mannshohe Mariendisteln recken ihre pinkfarbenen Blütenstände in die Höhe. Aus all diesen Pflanzen bereiten die Mitarbeiter von artemisia Kräuterprodukte von höchster Qualität. Sie werden sorgsam auf dem Gelände angebaut, von Hand geerntet und zu verschiedenen Teemischungen und Einzeltees, Gewürzen und Kräutersalzen sowie zu Räuchermischungen weiterverarbeitet.

Wozu die Räucherbündel und Kräuter gut sind, erfahren Interessierte bei einer Vielzahl von Veranstaltungen, die sich über das ganze Kräuterjahr verteilen. Es werden Räuchertage, Kräuterrituale, Wildkräuterführungen, Homöopathische Eisenkraut-Verreibung, Seminare über »Marienpflanzen – Kräuter der alten Göttinnen« und vieles mehr angeboten. Ein Programmheft enthält alle Termine.

In der Gärtnerei schließlich kann man sich mit über 300 verschiedenen Kräuter-, Heil- und Gewürzpflanzen für den eigenen Garten eindecken. Sie alle werden nach den Richtlinien des ökologischen Landbaus herangezogen. Seinen Namen hat der Allgäuer Kräutergarten übrigens nach Artemisia, das ist der Gattungsname des Beifußes. Er ist benannt nach der Göttin Artemis, der Heil und Leben spendenden Erdenmutter. So ist nicht verwunderlich, dass die Gärtnerei eine unglaubliche Vielfalt

In der Gärtnerei kann man Pflanzen wie Ysop, Wilde Karde oder Schmuckkörbchen, die bei artemisia gezogen werden, als kleines Mitbringsel für zuhause erwerben.

an Pflanzen bereithält, die zur Familie der Artemisien gehören: Gemeiner, Gelbbunter, Ligurischer, Indianischer und Steppen-Beifuß. Hinzu kommen Edelraute, Eberraute und Wermut, die ebenfalls zur Artemisia-Familie zählen.

Den Besuch des Kräutergartens kann man bei einer Tasse Tee in der gemütlichen Teestube ausklingen lassen. Hier gibt es auch die verschiedensten Teesorten, allerlei »Wohlfühl-Produkte« und Bücher über Kräuter zu kaufen.

Ausflugstipp

Emmentaler, Romadur, Alp- und Bergkäse sind im Westallgäu daheim und werden nach handwerklicher, oft jahrhundertealter Tradition hergestellt. Die Grundlage dieser Spezialitäten ist die Heumilch mit ihrem intensiven Geschmack. So zieht sich wie ein roter Faden die Allgäuer Käsestraße durch die Landschaft. Die Allgäuer Milchkühe an dieser Strecke bekommen ihr Futter von den einzigartigen Westallgäuer Wiesen mit ihrer Vielfalt an Kräutern und Gräsern – als würzig-frisches Weidefutter im Sommer oder sonnengetrocknetes Heu im Winter. Die Allgäuer Käsestraße verbindet handwerklich arbeitende Sennereien, bäuerliche Direktvermarkter, attraktive Ferienorte sowie traditionelle Landgasthöfe. In vielen Sennereien, zum Beispiel auch in Hopfen, kann man bei einer Führung die Kunst der Käseherstellung beobachten oder in einer Käseschule Käse sogar selbst herstellen.

Kräutertipp

Gemeiner Beifuß

(Artemisia vulgaris)

Bekannt ist der Beifuß heute vor allem als Würzkraut für den Gänsebraten und andere fette Speisen, denn er hat eine verdauungsfördernde Wirkung. Geerntet wird er unmittelbar vor der Blüte seiner unscheinbaren Blütenkörbchen. In alten Zeiten galt er als mächtige Schutz- und Kraftpflanze, die Dämonen vertreibt. Dazu wurde mit dem Kraut geräuchert. In den Kräuterbuschen, die zu Mariä Himmelfahrt gebunden wurden, war er unerlässlich. Als Kraut der Wanderer wurde der Beifuß in die Schuhe gelegt oder ein Zweiglein davon ans Bein gebunden. Diese Anwendung geht auf den römischen Schriftsteller Plinius zurück, der im 1. Jahrhundert in seiner Enzyklopädie über die Natur schrieb, Beifuß lasse den Wanderer nicht müde werden. Und es wird erzählt, die römischen Legionäre hätten sich auf ihren langen Märschen auf diese Weise fit gehalten. Dieses Wissen können Wanderer heute noch anwenden: Wer nach einer langen Tour über müde Füße klagt, kann sich zur Erholung ein Fußbad mit Beifußkraut-Sud bereiten.

Keine Weihnachtsgans kommt ohne ihn aus: Beifuß gehört als verdauungsförderndes Gewürz unbedingt in den Braten.

Allgäuer Kräutergarten artemisia
Hopfen 29, 88167 Stiefenhofen
Tel. +49 8386 961530 (Teestube), 960510 (Büro)
www.artemisia.de
Öffnungszeiten:
Garten durchgehend, Gärtnerei Mittwoch bis Sonntag von 12–18 Uhr

Größe: 13 Hektar
Parkmöglichkeit vorhanden
Eintritt frei
Gastronomie: Teestube
Nicht barrierefrei
Führungen siehe Veranstaltungsprogramm im Internet

Vom Feld in den Teebeutel

Der Aischgrund ist nicht nur reich an Teichen mit Karpfen, sondern auch an Äckern mit Kräutern. Deren Anbau hat dort eine lange Tradition. Eibisch, Ringelblume, Melisse und Pfefferminze wurden seit den 1930er Jahren auf den Feldern rund um Vestenbergsgreuth gezogen, und bis heute gedeihen hier noch Sonnenhut und Artischocke. Nach der aufwändigen Ernte von Hand trockneten früher die Bauern ihre Pflanzen auf den Scheunenböden und verkauften sie dann an regionale Apotheker und Drogisten. Nun wandern die meisten der Tee-, Gewürz- und Arzneipflanzen in den Filterbeutel oder in den Gewürzstreuer. Doch wie sehen die Pflanzen eigentlich frisch aus? Um das »live« zu erleben und um an das alte Erbe des Kräuteranbaus zu erinnern, wurde 2005 der Kräuter-Garten Martin Bauer angelegt.

Mitten im Ort, direkt auf dem Firmengelände des Kräuter- und Früchteteeproduzenten Martin Bauer kann man die unterschiedlichsten Pflanzen, deren Namen man oft nur von der Packungsaufschrift her kennt, erfühlen, erschnuppern und erkunden. Auf 1200 Quadratmetern gedeihen, gut gepflegt von den Greuther Kräuterführerinnen, etwa 100 heimische und fremdländische Gewächse. Der rollstuhlgerechte Weg zieht sich in Schleifen einen kleinen Hügel hinauf. Als Duftpflanzen begleiten ein ganzes Stück des Weges alle möglichen Sorten von Minze. Die verschiedenen Nuancen im Aroma von Spearmint, Schokominze und anderem Bouquet lassen sich so direkt vergleichen. Auf Beeten mit Trockenmauern sind die Kräuter nach den häufigsten Beschwerden gruppiert. Nicht in allen Gärten findet sich die Indikation »Rheuma«. Doch in Vestenbergsgreuth werden zur Linderung Mädesüß, Sonnenblume und die scharfe Chilischote empfohlen. Bei Hautproblemen helfen Odermennig, das hübsche Stiefmütterchen und der Leinsamen. Eine eigene Abteilung bilden

Der Weg schlängelt sich an erhöhten Beeten vorbei (oben), und vor der Scheune sind auch Maiglöckchen und Roter Fingerhut zu finden (linke Seite).

Auf feuchten Wiesen findet man das Mädesüß. Sein weißer Blütenstand duftet zart nach Mandeln und kann verwendet werden, um leckeren Sirup herzustellen oder Schlagsahne leicht zu aromatisieren.

auch Pflanzen, die den Gefäßen gut tun, wie der duftende Steinklee, der Stechende Mäusedorn und der bestens dafür bekannte Knoblauch.

Oben angekommen, erwartet die Besucher eine beeindruckende Bienenbeute. Kräuter und Bienen gehören untrennbar zusammen, und wo es üppig blüht, da sind auch die summenden Insekten gerne zuhause. Seit 2012 ziert die Figurenbeute der auf diese Kunstform spezialisierten Künstlerin Birgit Maria Jönsson den Garten. Vor Ort schnitzte sie aus einem Baumstamm ein Abbild des Firmengründers und Namensgebers des Kräuter-Gartens, Martin Bauer, der selbst Imker war.

Einen eigenen Teebeutel aus frischen Kräutern kreieren und genau wissen, was darin steckt? Duftende Kräuterseife herstellen? Kräuterspezialitäten kosten? Die Greuther Kräuterführerinnen zeigen bei ihren Führungen durch den Garten und in ihren Workshops in der Scheune, wie sich das wertvolle Grün nutzen lässt. Darüber hinaus bieten sie auch für Gruppen und Schulklassen besondere Events und organisieren Fachvorträge über Kräuter.

Ausflugstipp

Um an das traditionelle Erbe des Kräuteranbaus zu erinnern, haben sich 2004 verschiedene Gemeinden, Martin Bauer und die Erzeugergemeinschaft für Heil-, Gewürz-, Duft- und Aromapflanzen Aischgrund zum Projekt »Greuther Kräuterecke« zusammengeschlossen. Neben dem Kräutergarten ist auch ein 24 Kilometer langer Kräuter-Rundweg durch den Aischgrund entstanden. Informative Tafeln bringen Wanderern und Radlern Wissenswertes über Herkunft, Anbau, Inhaltsstoffe und Verwendung der dort angebauten Kräuter nahe.

Mit Tees, Gewürzen und Kräutern aus der Region kann man sich im Greuther Teeladen in Vestenbergsgreuth versorgen. Er ist von Montag bis Freitag und samstags von 9–13 Uhr geöffnet.

Kräutertipp

Echter Steinklee
(Melilotus officinalis)

Medizinisch verwendet wird der Echte oder auch Gelbe Steinklee, was das »officinalis« in seinem Namen verrät. Es leitet sich vom lateinischen Wort für Apotheke ab und gilt als traditionelles Volksheilmittel bei Venenleiden wie Krampfadern. Man verwendet das Kraut der Pflanze für Teeaufgüsse oder auch zur Herstellung einer Salbe. Bei der Ernte des Steinklees, der steinige Standorte bevorzugt, entfaltet sich ein wunderbar aromatischer Duft. Er entsteht mit der Freisetzung des Cumarins in der Pflanze und erinnert an Heu und Waldmeister, die den Stoff ebenfalls enthalten. Cumarin wirkt blutverdünnend und wird auch arzneilich eingesetzt. In hohen Dosen gilt es jedoch als giftig. Der Seele tut dieser Pflanzenstoff ebenfalls gut: In einem Duft- oder Schlafkissen entfaltet der Steinklee sein Aroma, das aufheiternd und leicht beruhigend wirkt.

Echter Steinklee unterscheidet sich durch seine gelbe Blütenfarbe vom Weißen Steinklee. Beide Arten duften sehr angenehm und werden auch als Honigklee bezeichnet.

Kräuter-Garten Martin Bauer
91487 Vestenbergsgreuth
Tel. +49 9163 88950
(Greuther Kräuterführerinnen)
www.kraeutergarten-martin-bauer.de
Öffnungszeiten:
April bis Oktober 8–20 Uhr
Größe: 1200 Quadratmeter

Parkmöglichkeit an der Straße
Eintritt frei
Keine Gastronomie
Barrierefrei
Führungen siehe Internet oder auf Anfrage bei den Greuther Kräuterführerinnen (Telefon siehe oben)

Kräuter in all ihren Facetten

Was haben Hildegard von Bingen, Pfarrer Sebastian Kneipp und die Traditionelle Chinesische Medizin gemeinsam? Sie alle setzen auf die Heilkraft der Pflanzen. Kräuter aber haben noch viele weitere Facetten: Sie sind von symbolischem und spirituellem Wert, sie sind unsere Nahrungsmittel, und sie würzen unsere Speisen. All diesen Bedeutungen begegnet man im Kloster- und Naturerlebnisgarten.

Aus unterschiedlichen kleinen Gärten setzt er sich zusammen. Da sind zum einen die Gewächse der verschiedenen Naturheilmethoden. Wer gleich rechts vom Hauptweg abbiegt, kann durch den Garten mit Kräutern der Traditionellen Chinesischen Medizin schlendern. Die Informationen darüber sind sehr ausführlich: Auf Tafeln und Blättern zum Mitnehmen erfährt der Besucher vieles über Pflanzen, die seit Jahrtausenden in Asien als heilsam gelten, zum Beispiel über die Goji-Beere, bei uns als Gemeiner Bocksdorn bekannt. Aufgrund ihres enorm hohen Werts an Antioxidantien gilt sie als Anti-Aging-Mittel. Hinter einer asiatisch anmutenden Brücke über einen Naturteich folgt der Garten nach Pfarrer Sebastian Kneipp. Entsprechend seiner Lehre von der Heilkraft des Wassers gibt es ein Kneipptretbecken und gegenüber ein Beet mit Pflanzen, auf deren Wirkung der Pfarrer zählte. Im Hildegard-Garten geben sechs Beete Aufschluss über die Medizin der Äbtissin. Eine Glasskulptur, die an die Heilige erinnert, verleiht diesem Gartenbereich eine künstlerische Note. 100 Pflanzen, den verschiedenen Körperregionen zugeordnet, erwarten den Besucher. Hier kann er fernöstlichen Galgant sehen, über den Hildegard schreibt: »Wer im Herzen Schmerzen leidet, der esse sogleich eine hinreichende Menge Galgant und es wird ihm besser gehen.«

Viele verschiedene Bereiche vereint der Kloster- und Naturerlebnisgarten: einen Bauerngarten, einen Garten der Traditionellen Chinesischen Medizin und viele mehr (oben und linke Seite).

Die große Kräuterspirale kann auch mit dem Rollstuhl befahren werden. Sie hält vor allem Gewürzpflanzen bereit, die in der Küche Verwendung finden.

Schön ist der kleine Mariengarten, der sich um einen Christus am Kreuz gruppiert, zusammen mit dem Gartenschulhaus ein stimmiges Ensemble. Hier wachsen viele Pflanzen, die von religiöser Symbolkraft sind, zum Beispiel das Johanniskraut, das nach Johannes dem Täufer benannt ist. Seinen roten Saft, das Johannisblut, soll es vom herabtropfenden Blut Christi am Kreuz haben. Die majestätische Stockrose gilt als Zeichen der Vergebung, die weiße Rose als Symbol der jungfräulichen Reinheit.

Den Kräutern und Pflanzen der Ernährung widmen sich ein traditioneller Bauerngarten und eine Kräuterspirale – zwei weitere Bausteine, die den Garten in Waldsassen so vielseitig machen. Da er 2001 als Umweltbildungseinrichtung gegründet und erst später durch den Bereich Heilkräuter erweitert wurde, spielen auch andere Themen wie Wetter und Klima eine große Rolle. So gibt es eine riesige Sonnenuhr, einen Kräutertrockner und einen Kocher – alle drei funktionieren mit Solarenergie.

Ausflugstipp

Die mit kunstvollen Schnitzereien ausgestattete Klosterbibliothek von Waldsassen ist weltberühmt. Sie gehört zur Zisterzienserinnenabtei, die um das Jahr 1133 gegründet wurde. Deren barocke Stiftsbasilika ist ein prachtvolles Gesamtkunstwerk bedeutender Baumeister und Ausstattungskünstler des 17. Jahrhunderts. Über einen Weg mit 15 Rosenkranzstationen erreichen Pilger und Kunstkenner die Kappl. Die herrliche Wallfahrtskirche Kappl zur Hl. Dreifaltigkeit ist ein Werk von Georg Dientzenhofer. Als Symbol für die Trinität dominiert die Zahl Drei das Bauwerk, wie dessen Türme – drei an der Zahl – schon von weitem erkennen lassen.

Kräutertipp

Borretsch
(Borago officinalis)

Die Pflanze aus der Familie der Raublattgewächse wird auch Gurkenkraut genannt, was vom Geschmack der Blätter herrührt. So wird Borretsch zum Würzen von Salaten oder in der Frankfurter Grünen Soße genutzt. Die Blätter enthalten in geringen Mengen Pyrrolicidinalkaloide, gelegentliches Verzehren ist aber unbedenklich. Himmelblau leuchten die Blüten, deren Inneres an einen Vogelschnabel denken lässt. Sie sind essbar und enthalten wie die Samen keine bedenklichen Stoffe. Sie eignen sich besonders zur Dekoration von Speisen und lassen sich wie Veilchenblüten kandieren. In Eiswürfel eingefroren sind sie ein »Hingucker« in sommerlichen Getränken. Das Öl der Samen wird heute in der Therapie von Neurodermitis eingesetzt.

Borretsch ist vielseitig. Nicht nur die dekorativen Blüten lassen sich in der Küche verwenden, auch die borstig behaarten Blätter sind als Würze beliebt.

Umweltstation-Abtei Waldsassen
Basilikaplatz 2
(Zugang zum Kloster- und Naturerlebnisgarten über Brauhausstraße)
95652 Waldsassen
Tel. +49 9632 920044
www.kubz.de
Öffnungszeiten:
1. Mai bis 30. September
täglich von 10–18 Uhr (kann sich witterungs- bzw. personalbedingt ändern)
Größe: 7000 Quadratmeter

Parkmöglichkeit vorhanden
Eintritt: 3 Euro
Keine Gastronomie
Barrierefrei
Führungen: Führung nach Hildegard von Bingen (jeden letzten Sonntag im Monat um 15 Uhr), Führung nach Sebastian Kneipp (jeden ersten Sonntag im Monat um 14 Uhr), weitere Führungen und Veranstaltungen siehe Programm im Internet

In der Tradition der tausendjährigen Klostermedizin

Mit einem Salbeipflänzchen fing vor 26 Jahren alles an. »Ein paar frische Kräuterle für den Tee« wünschte sich Schwester Leandra Ulsamer und bekam die Erlaubnis, auf einem Fleckchen Erde im Klostergarten Salbei anzupflanzen. Mittlerweile ist diese erste Pflanze zu einem stattlichen Strauch herangewachsen, und auch der Kräutergarten wurde mit den Jahren immer größer und vielseitiger.

Unterhalb der hoch aufragenden Türme und des Chores der Kirche St. Michael fühlt sich nicht nur der Salbei sichtlich wohl. Ringelblume, Ysop, Frauenmantel, Kapuzinerkresse und Malve gedeihen unter dem grünen Daumen der 82-jährigen Ordensschwester prächtig. Der Besucher erhält vor allem im Sommer den Eindruck eines Meeres aus Kräutern. Die überbordende Fülle der Kräuter lässt die schmalen Wege zwischen den Beeten nahezu verschwinden. Das ist beinahe etwas schade, denn sie sind mit kleinen Schieferplatten belegt, die mit ihrer glatten, fast schwarzen Oberfläche einen reizvollen Kontrast zu den saftig grünen Kräutern bilden und zudem die ganz unregelmäßig angelegten Pflanzungen effektvoll rahmen. Eine weitere Besonderheit im Oberzeller Klostergarten sind die beschrifteten Täfelchen, die überall verstreut zu finden sind: »Der Garten ist ein Stück vom Paradies«, heißt es hier ganz passend.

Der Klostergarten will einerseits ein Lehr- und Nutzgarten sein. Hier werden die wertvollen Pflanzen in Seminaren für Interessierte ausführlich besprochen und zu Heilmitteln verarbeitet, aber auch zum Beispiel für den Abendtee der Franziskanerinnen geerntet. Andererseits will er

Die Klosterkirche bildet die stilvolle Kulisse für den Klostergarten. Dessen schmale Wege sind ganz charakteristisch mit Schieferplatten belegt (oben und linke Seite).

als Meditationsgarten dienen, denn »Wege des Kräutergartens sind Wege der Achtsamkeit«, wie auf einem der Schiefertäfelchen geschrieben steht. In dieser Art sind auch die ungefähr 100 verschiedenen Kräuter beschriftet und geben Aufschluss über ihre Verwendung bei den unterschiedlichsten Beschwerden.

Das Kloster Oberzell steht damit in der jahrtausendealten Tradition der Klostermedizin. Denn seit dem frühen Mittelalter oblag den Nonnen und Mönchen die Fürsorge für die Kranken. In ihren Klostergärten bauten sie die heilkräftigen Pflanzen an und hatten damit immer die Arznei direkt vor Ort. Dieses überlieferte Heilwissen wird heute von der modernen Wissenschaft genau erforscht. Die Erkenntnisse daraus fließen in die moderne Phytotherapie ein. Der Medizinhistoriker Johannes G. Mayer und seine »Forschergruppe Klostermedizin« an der Universität Würzburg durchforsten systematisch die mittelalterlichen Quellen und untersuchen die Wirksamkeit der von den Mönchen verwendeten Pflanzen. Seit Jahren arbeitet er dabei auch mit Schwester Leandra zusammen.

Sie gehört den Dienerinnen der heiligen Kindheit Jesu an, wie sich die Oberzeller Franziskanerinnen nennen. Antonie Werr, die Gründerin der Frauengemeinschaft, erwarb 1901 die im Zuge der Säkularisation aufgelöste Abtei. Als Prämonstratenserkloster war es bereits 1128 gegründet worden und erlebte seine Blütezeit im 18. Jahrhundert. Die Abtei mit ihrem prächtigen Konventbau wurde von dem berühmten Barockbaumeister Balthasar Neumann geplant.

Ausflugstipp

Kloster Oberzell liegt ziemlich genau zwischen Veitshöchheim und Würzburg und damit in unmittelbarer Nähe zweier absolut sehenswerter Ausflugsziele. Wer sich für Gartenkunst interessiert, sollte unbedingt

Überall zwischen den dichten Kräuterbüscheln sind beschriftete Schiefertafeln zu finden, die nicht nur über die Pflanzen Auskunft geben, sondern auch zum Nachdenken anregen (oben und linke Seite).

Sonnenhut, Ringelblume, Tagetes und viele andere Pflanzen bilden dichte Teppiche. Der hoch aufschießende Fenchel im Hintergrund überragt sie alle.

den Rokokogarten Veitshöchheim besuchen. Hier lässt sich zwischen unzähligen Skulpturen, Heckenkabinetten und Wasserspielen lustwandeln, wie es vor 250 Jahren der Fürstbischof getan haben mag. Die Anlage gilt als eine der schönsten ihrer Art in Europa und bezaubert durch den Blick auf immer neue Gartenräume.

Die Würzburger Residenz, ein Werk Balthasar Neumanns, wurde von der Unesco ins Welterbe aufgenommen. Sie sei »das einheitlichste und außergewöhnlichste aller Barockschlösser, einzigartig durch ihre Originalität, ihr ehrgeiziges Bauprogramm und die internationale Zusammensetzung des Baubüros, eine Synthese des europäischen Barock«, so die Begründung. Als besonderes Prunkstück gilt das Treppenhaus mit dem größten zusammenhängenden Deckenfresko der Welt (ca. 670 Quadratmeter), gemalt 1752 bis 1753 von Giovanni Battista Tiepolo aus Venedig, dem berühmtesten Freskenmaler seiner Zeit.

Kräutertipp

Große Kapuzinerkresse
(Tropaeolum majus)

Ihren Namen hat sie nach der typischen Form der Blüten erhalten, die mit ihrem Sporn an eine Mönchskapuze erinnern. Sie ist eine beliebte Schmuckpflanze in leuchtendem Gelb, Orange und Rot, die allerdings extrem unterschätzt wird. Sie wurde zur Arzneipflanze des Jahres 2013 gewählt, denn Kapuzinerkresse ist genauso wirksam wie Antibiotika. Das liegt an ihrem hohen Gehalt an Senfölen, die antibakteriell und antiviral wirken. Am meisten davon steckt in den Samen, aber auch in allen anderen Pflanzenteilen wie Knospen, Blüten, Blättern und Stängel. Am scharfen, pfeffrigen Geschmack erkennt man die Senföle. Sie sind heilsam bei Beschwerden der Atem- und der Harnwege. Eine Behandlung damit ist denkbar einfach: Um einen antibiotischen Effekt zu erzielen, isst man pro Tag zweimal fünf frische Blätter der Pflanze. Bis in den Winter hinein lassen sich die Wirkstoffe konservieren, indem man ein Pesto aus dem Kraut der Kapuzinerkresse anstelle von Basilikum herstellt oder ihre Samen als »falsche Kapern« in Essigsud einkocht.

Ob im Beet oder im Balkonkasten, die Kapuzinerkresse sorgt für leuchtende Farbe im grünen Allerlei. Darüber hinaus ist sie gut für die Gesundheit und gilt als pflanzliches Antibiotikum.

Klostergarten Oberzell
Kloster Oberzell
97299 Zell am Main
Tel. +49 931 46010
www.oberzell.de
Öffnungszeiten: tagsüber
(an der Pforte melden)
Größe: 100 Quadratmeter
Parkmöglichkeit vorhanden
Eintritt frei
Keine Gastronomie
Nicht barrierefrei

Führungen: Im Rahmen der Veranstaltungsreihe »Erlebnis Klostermedizin«, die sich an Laien und Fortgeschrittene auf dem Gebiet der Heilpflanzenkunde wendet, steht der Kräutergarten im Mittelpunkt. Bei Seminaren zu unterschiedlichen Themen werden wichtige Heilpflanzen besprochen und zur Zubereitung von Tinkturen und Salben geerntet.

Weitere Kräutergärten in Bayern, die einen Besuch lohnen

Lehr-Kräutergarten
Kurparkstraße
63619 Bad Orb
www.bad-orb.info

Nutz- und Arzneipflanzengarten
im Botanischen Garten
Menzinger Straße 65
80638 München
www.botmuc.de

Giftgarten in der Baumschule
Bischweiler
Sachsenstraße 2
81543 München
www.muenchen.de

Klostergarten
Kirchplatz 10
83536 Gars am Inn
www.klostergars.de

Stiealm
Latschenkopf 5
83658 Lenggries-Brauneck
www.stie-alm.de

Biotop-Garten und Garten der Sinne
Notre Dame 1
85072 Eichstätt
www.naturpark-altmuehltal.de

Apothekergarten
im Oberdieckgarten
Zugang über Am Hofgarten
85354 Freising
www.hswt.de

NaturSchauGarten Haar
Keferloher Straße 1
85540 Haar
www.gemeinde-haar.de

Kräutergarten am Roten Tor
Zugang über Spitalgasse
86150 Augsburg
Kein Internet

Apothekergarten im
Botanischen Garten
Dr.-Ziegenspeck-Weg 10
86161 Augsburg
www.botanischer-garten-
augsburg.de

Heilkräutergärten
Zugang über
Ulrichsbrunnenweg
86825 Bad Wörishofen
www.bad-woerishofen.de

Blumenschule
Augsburger Straße 62
86956 Schongau
www.blumenschule.de

Kräuteralp
Hörmoos
87534 Steibis-Oberstaufen
www.kraeuteralp.de

Staudengärtnerei Gaißmeier
Jungviehweide 3
89257 Illertissen
www.gaissmayer.de

Kräutergarten beim Kloster
(im Umbau)
Klosterstraße 5
89297 Roggenburg
www.kloster-roggenburg.de

Heilkräutergarten am Hallertor
Am Hallertor
90403 Nürnberg
www.nuernberg-stadt.bund-
naturschutz.de

Burggarten
90556 Cadolzburg
www.schloesser.bayern.de

Bärbels Garten
Dixenhausen 23
91177 Thalmässing
www.baerbels-garten.de

Kräutergärtla
Zugang über Holzspitz
91578 Leutershausen-Wiedersbach
Kein Internet

Kräuter-Lehrgarten
Reitbahn
91744 Weiltingen
Kein Internet

Pharmazeutischer Garten
im Botanischen Garten
Universitätsstraße 31
93053 Regensburg
www.biologie.uni-regensburg.de/
Botanik

Kräutergarten
am Berggasthof Mooshütte
Mooshütte 3
93470 Lohberg
www.berghotel-mooshuette.de

Kräutergarten des
Landgasthofs
Düllhof
Am Hausstein
94571 Schaufling
www.duellhof.de

Heilkräutergarten im
Botanischen Garten
Alte Plauener Straße 16
95028 Hof
www.botanischer-garten-hof.de

Kräutergarten
des Gartenbauvereins
Burghaig
Schulstraße 2
95326 Kulmbach
www.landkreis-kulmbach.de

Nutzpflanzengarten im
Ökologisch-Botanischen Garten
Universitätsstraße 30
95440 Bayreuth
www.obg.uni-bayreuth.de

Mittelalterlicher Kräutergarten
am Zisterzienserinnenkloster
Klosterberg 19
95502 Himmelkron
www.himmelkron.de

Kräutergarten Langenstadt
Langenstadt,
hinter der Kirchhofmauer
95512 Neudrossenfeld
www.frankens-paradiese.de

»Himmelsgarten« von St. Michael
(wegen Sanierungsarbeiten
auf unbestimmte Zeit geschlossen)
Michaelsberg 10f
96049 Bamberg

Terrassengärten
Marienplatz
96142 Hollfeld
www.hollfeld.de

Klostergarten
Bamberger Straße 8
96157 Ebrach
www.ebrach.de

Garten des Bauernmuseums
Bamberger Land
Hauptstraße 5
96158 Frensdorf
www.bauernmuseum-
frensdorf.de

Kreislehrgarten
Kapellenstraße
96173 Oberhaid
www.ogv-oberhaid.de

Arzneipflanzengarten und
Bauerngarten im Botanischen
Garten der Universität
Julius-von-Sachs-Platz 4
97082 Würzburg
www.bgw.uni-wuerzburg.de

Kräutergarten des Kirchenburg-
museums Mönchsondheim
An der Kirchenburg 5
97346 Iphofen
www.kirchenburgmuseum.de

Fränkisches Freilandmuseum
Bahnhofstraße 19
97650 Fladungen
www.freilandmuseum-
fladungen.de

Kräutergarten der Dorfgemein-
schaft Hohenroth
97737 Gemünden
www.sos-kinderdorf.de

Register

Halbfett und grün gesetzte Seitenzahlen beziehen sich auf die »Kräutertipps«.

Literatur

Aichele, Dietmar und Golte-Bechtle, Marianne: Was blüht denn da? Stuttgart: Kosmos 2008

Arzt, Volker: Kluge Pflanzen. München: Goldmann 2011

Beiser, Rudi: Kraft und Magie der Heilpflanzen. Stuttgart: Ulmer 2013

Bühring, Ursel: Alles über Heilpflanzen. Stuttgart: Ulmer 2011

Clark, Ronald: Garten Reiseführer. 1.500 Gärten und Parks in Deutschland. München: Callwey 2011

Dobat, Klaus, Dressendörfer, Werner: Fuchs, Leonhart, Das Kräuterbuch von 1543. Kommentierter Reprint. Köln: Taschen Verlag 2001

Eisenblätter, Karin und Michelis, Alexandra: Gartenreiseführer Bayern. Die 150 schönsten privaten und öffentlichen Gärten. München: Christian Verlag 2010

Feder, Jürgen: Feders fabelhafte Pflanzenwelt. Reinbek: rororo 2014

Fischer-Rizzi, Susanne: Medizin der Erde. Aarau: AT Verlag 2010

Fleischhauer, Steffen Guido: Enzyklopädie der essbaren Wildpflanzen. Aarau: AT Verlag 2003

Frohn, Birgit: Lexikon der Heilpflanzen und ihrer Wirkstoffe. Augsburg: Weltbild 2010

Greiner, Karin und Weber, Angelika: Kräuter. München: GU 2008

Kalbermatten, Roger: Wesen und Signatur der Heilpflanzen. Aarau: AT Verlag 2005

Klemme, Brigitte und Holtermann, Dirk: Delikatessen am Wegesrand. Dresden: Mädler Edition Rau 2002

Klemme, Brigitte und Holtermann, Dirk: Delikatessen am Wiesenrand. Dresden: Mädler Edition Rau 2005

Klemme, Brigitte und Holtermann, Dirk: Delikatessen am Waldesrand. Dresden: Mädler Edition Rau 2005

Laue, Felicia, Martz, Jochen, von Zerboni, Maria Theresia und Grebe, Ursula: Der Garten-Verführer Mittelfranken. Cadolzburg: ars vivendi 2013

Lüder, Rita: Grundkurs Pflanzenbestimmung. Wiebelsheim: Quelle & Meyer 2011

Mayer, Johannes Gottfried, Uehleke, Bernhard und Saum, Kilian: Das große Buch der Klosterheilkunde. München: Zabert Sandmann 2013

Neubauer, Konstanze: Gartenschätze in Bayern. München: Callwey 2012

Schönfelder, Ingrid und Schönfelder, Peter: Der Kosmos-Heilpflanzenführer. Stuttgart: Kosmos 2010

Schulz, Olaf: Deutschlands schönste Klostergärten. München: BLV 2008

Storl, Wolf-Dieter: Kräuterkunde. Bielefeld: J. Kamphausen Verlag 2011

Storl, Wolf-Dieter: Heilkräuter und Zauberpflanzen zwischen Haustür und Gartentor. München: Knaur 2007

Dank

Bei allen Eigentümern der in diesem Buch vorgestellten Gärten möchte ich mich ganz herzlich bedanken. Die privaten, städtischen und staatlichen Besitzer, die Vereine und Institutionen, die all diese Gärten pflegen, unterstützten mich mit wertvollen Informationen und gewährten mir die Erlaubnis zur Veröffentlichung.

Ohne Kommunikation, in diesem Fall mit Monika Westphal von der Volkshochschule Fürth, wäre aus diesem Buch wohl lange nichts geworden. Der dadurch entstandene Kontakt zu Dr. Günther Fetzer, wissenschaftlicher Mitarbeiter am Erlanger Lehrstuhl für Buchwissenschaft, erwies sich für mich als ausgesprochener Glücksfall. Denn er vermittelte mich auf kürzestem Weg direkt an die erfahrene »Buchmacherin« Ria Lottermoser. Ohne Günther Fetzer also wäre aus meiner Idee zu einem Kräutergartenführer sicher nie so schnell ein Buch geworden. Und ohne Ria Lottermoser bestimmt kein so schönes! Sie vermittelte mich – auch das ein Glücksgriff – an den Münchner Verleger Michael Volk. Ihm möchte ich besonders für die Umsetzung in so kurzer Zeit herzlich danken.

Auch meiner Familie gilt mein Dank, allen voran meinem Mann Wolfgang Roth. Er hat mich nicht nur ermutigt, dieses Buch zu schreiben, sondern mich oft begleitet – unter erheblichen Mühen sogar bis hinauf zum Alpengarten am Schachen. Und last but not least danke ich meiner Mutter für ihre wertvolle Unterstützung.

Ein großer Dank auch an meine Dozentin Karin Greiner, die mich mit ihrer einzigartigen Begabung für die Lehre und mit ihrem enormen Kräuterwissen »infiziert« hat.

Die Autorin und Fotografin

Marion Reinhardt, 1963 geboren, studierte Kunstgeschichte, Volkskunde und Denkmalpflege und arbeitete anschließend als freie Journalistin. Heute ist sie vor allem als Naturcoach und Kräuterpädagogin unterwegs, die sich in Klosterheilkunde und Phytotherapie weitergebildet hat. Sie lebt mit ihrer Familie in Fürth. Dort ist sie vielen auch als »wilde möhre« bekannt, benannt nach ihrer Lieblingspflanze. Bei ihren Wildkräuterführungen und Workshops bringt sie seit Jahren den Menschen altes Pflanzenwissen wieder nahe und steckt sie mit ihrer Begeisterung für die Welt der Wildpflanzen an. Als Kräuterpädagogin ist sie immer auf der Suche nach neuen Pflanzen, die sie in der Küche und in der Phytotherapie verwenden kann. Dafür zieht es sie nicht nur in die freie Natur, sondern sie sucht gezielt nach Orten, wo es besondere Kräuter zu entdecken gibt. Für dieses Buch besuchte sie rund 80 Kräutergärten in Bayern.

Haftungsausschluss

Die in diesem Buch enthaltenen Empfehlungen und Angaben sind mit größtmöglicher Sorgfalt zusammengestellt und geprüft worden. Die Hinweise auf Anwendungsmöglichkeiten der Kräuter basieren auf Empfehlungen der einschlägigen Literatur bzw. auf Methoden der Erfahrungsheilkunde oder stellen sog. Hausmittel der Volksmedizin dar. Vom selbstständigen Gebrauch giftiger Heilpflanzen sollten Sie unbedingt absehen. Eine Garantie für die Richtigkeit der Angaben kann nicht gegeben werden. Autorin und Verlag übernehmen keinerlei Haftung für Schäden und Unfälle.

Bildnachweis

Illustrationen: www.biolib.de
Seite 7: Bearbeitung nach Karte »Bayern 2007«, Bayerische Vermessungsverwaltung, © Landesamt für Vermessung und Geoinformation
Seite 137: P. Valentin J. Gnida OFM; Seite 37 oben: Gemeinde Bad Heilbrunn

Quellen

Seite 26: www.waimann.de
Seite 62: http://www.zuk-bb.de/zuk/fileadmin/zuk/images/content/_
download/Benediktbeurer_Rezeptar_%C3%9Cbersetzung_Dr._Gottfried_
Mayer_.pdf
Seite 72: http://www.deutsches-museum.de/bibliothek/unsere-schaetze/
biologie/besler/der-hortus-eystettensis/
Seite 162: http://www.stgallplan.org/de/index_plan.html
Seite 163: http://www.bross-burkhardt.de/resources/
Von+Hortulus+und+Herbularius.pdf